中国城市经济
与治理现代化

大国之城

秦朔

——

著

ZHEJIANG UNIVERSITY PRESS
浙江大学出版社

自
序

大地，永恒的创造之母

秦　朔

"文章千古事，得失寸心知。"

收在这本书里的文章，是我最近一两年，特别是
新冠肺炎疫情暴发的 2020 年，对中国一些区域调
研、观察与思考的结果。特别感谢支持我调研的各
个城市，没有他们的帮助，这本书中的大多数文章都
不会产生。

通过实地采访，我收获了三重教育。

一

首先是对经典性的政府与市场、政府与企业、政府与社会的关系等问题有了更透彻的认识。

政府和市场、企业、社会有着不同的功能和作用，不能互相代替，而应有"一臂之距"(one-arm length)，这是毫无疑问的。而且我们始终要警惕政府不按经济规律，热衷参与到本应由市场主体决定的竞争性行为中。但政府参与是不是"越少越好"(the less, the better)？恐怕也不尽然。

大量采访启示我，政府和市场、企业、社会之间可以互相促进、融合、共济，可以发生一种"嵌入"(in)的关系，而不是"对抗"(versus)的关系。当然，它们之间也有互相制约和博弈的关系。

我还意识到，政府和市场、企业、社会的关系，是动态演进的。在政府权力高度集中、行政性配置资源非常僵化的时代，就需要"放"，放权，放活，放开，"无为而治"，无事不扰。而逢百年未遇之大变局，增加"有为而治"的成分，就是势所必然。有为而治，不是"收"，不等于管制回归，而是通过响应式服务，加上战略性牵引，引导资源更高效地配置，以提升全要素劳动生产率。产业在变，技术在变，商业模式在变，消费者在变，国际环境在变，在变革中，需要服务型政府，也需要有企业家精神的变革型政府。

在我看来，以经济建设为中心的政府也是一种"经济人"。"两个经济人"在中国是一种真实的存在，政府在很多时候同样富有企业家精神。在大数据时代，政府有可能掌握更充分的信息，从而做出更有利于长远可持续发展的决策。同时，政府不是只要把市场规则和政策定好就万事大吉了，因为政府也是环境营造的主体，而环境营造是进行时，永无止息。招商引资的项目的服务也是进行时，不断变化，需要不断响应。

在国与国、地方与地方的新时代的竞争中，纯粹靠单个企业的自发创造已经不够，需要整合各种资源，创造各种配套条件，培育新的产业形态，促进高质量发展。这对政府行为的一致性也提出了更高要求，政府要诚信践诺，要"一张蓝图绘到底"。

从对地方政府行为的观察中可以看到，政府不仅是经济增长的助推者，也是体制机制改革创新的探索者，还是发展质量的守护者。政府对企业也不只是激励，同时还有约束。

二

其次是对社会资本至关重要的作用有了更加深刻的认识。

社会资本就是能够产生社会信任的软性资本，体现为人与人之间的交往机制更为可信，法人与法人之间的交易成本更低，经济社会中的顾客意识、服务意识、规则意识、契约意识更强。社会资本发达的地方，就有信任效应、信任效益的正循环——机会和人越来越多地汇聚，汇聚产生互动，带来更多机会，机会再凝聚更多的人，更多的人又带来新的需要和新的机会——于是，在以顾客价值和契约精神为基础的市场经济良序中，人与人共振，共创，共享。

一个地方的社会资本发育，必然和这里是不是比较早地获得了开放性的经济发展机会有关，但和当地的文化、民风、习俗也有紧密的关联。民风也影响政风，政风又影响政企关系。越是有文化积淀、书香传统，又崇尚知识的地方，政府、市场、社会之间的信任就更容易建立。在改革开放和经济发展中，作为社会资本的文化与信任，不仅不会褪色，反而愈显其价值。充满进取心的市场经济，因为有社会资本的支持和约束，也有可能向着合作、诚信、环境与社会友好的方向演化。

三

最后是对中国发展道路有了一些新的思考。

差不多十年前，我写过《重新想象中国：现代性与主体性的交融》一文，认为对一个民族来说，主体性思维的重要性在于激发自己的思想活力、自由生命力及实践探索能力。那种简单地把某国的今天作为中国的明天的思维，恰恰是主体性思维缺失的表现，它将中国的未来作为别人设定的结果，而看不到属于自己的未来可能。

中国必须走现代化之路，也必须建构和拥有支撑现代化的现代性。与现代性相对立、相排斥的主体性，很容易走到唯我独尊的传统里去。

同时，中国现代性的塑造和中国的现代化道路，既是与世界现代化、现代性演进相联系的过程，也是从自身的精神资源中展开的"内源性生长"和"主体性建构"。不能体现出主体性的现代性，很容易走到鹦鹉学舌、机械照搬的路径上。

而无论现代性还是主体性，都以人的解放、发展、能力的全面提高为依归，都依靠物质世界和精神世界的勇敢实践来真实地呈现。

上述这些观点是我一直坚持的，而本书中实实在在的案例，让我对中国道路是现代性和主体性的交融的创造之路，有了更深的理解。

今天的全球格局和全球治理正在发生深刻变化。中国道路也在为整个世界提供一种借鉴。历史并未终结，而在重新开始。中国力量为这种重新开始注入了活水。长期以来，非西方世界因为种种的不发达和物质精神的双重贫困，被看作"西方奇迹"的对立面而存在，甚至当自己创造出了进步奇迹之后，仍然无法很好地自我理解，更不用说让世界很好地理解自己。

中国道路是进行时，以全面现代化的标准来衡量还有诸多难题待解，但现实变化的每一步都启示我们，在人类迈向现代化、实现自由全面发展的过程中，每一条探索之路都可以成为现代化、现代性的活力之源。中国道路既是中国的，也是世界的。

生活之树常青，大地，才是永恒的创造之母。

第一章 | 中国城市,谁执牛耳?

第二章 | 领跑者们的姿态

第三章 | 绿水青山间的中国奇迹

第四章 | 一人，一企，一城，一文明

第一章
中国城市，谁执牛耳？

我看到的中国经济未来，
既需要深圳这样的最佳创新者、无畏的开拓者，
也需要上海这样的最可信赖的受托人和管理者。
这是 21 世纪中国能力的最佳组合。

400 年来谁著史，上海能否登上金融之巅？

从巴伦支船长到 1609 年的阿姆斯特丹

1596 年 5 月 10 日，一位名叫威廉·巴伦支（Willem Barents）的荷兰船长在阿姆斯特丹商人的资助下，指挥着 3 艘小船和 17 名水手开始远航，希望通过北极前往亚洲。这年他 46 岁，之前的两年曾两次远征北极，都无功而返。

巴伦支船长的第三次探险到达了北纬 79°39′的地方，这是人类北进的新纪录。他们继续向东北航行，8 月 26 日陷入浮冰，被迫靠上今属俄罗斯的一个岛屿，在北极圈过冬。他们熬过了 8 个月的漫长冬季，靠打猎充饥，靠动物的皮毛御寒。8 个人病死或冻死。1597 年夏天，小船终于从坚冰围困中重回自由水域，但巴伦支船长却在 6 月 20 日病死在一块浮冰之上。

身处如此险地和困境，船员们却没有动过阿姆斯特丹商人委托给他们的货物。货物又回到荷兰，还给了委托人。

巴伦支船长航行过的一片海域后来被命名为巴伦支海，他的故事成为一些商学院的领导力案例。而在荷兰人心中，这更是一个对委托人负责的关于信用的案例。

信用，是金融的精髓。

1602年，荷兰14家贸易公司组成"荷兰联合东印度公司"。这是历史上第一个股份公司，向公众发行股票，投资人拿着钱袋到公司，在本子上记下投入额，公司许诺未来按股分红。荷兰政府也是股东之一，并将一些国家的权力注入，如可以与外国签订条约开展贸易，若出现纠纷，甚至可以发动战争。

东印度公司十年后才开始分红，此前股东可以把股票流转，在阿姆斯特丹大桥上自发交易。1609年，阿姆斯特丹诞生了第一个股票交易所，有经纪人，有固定交易席位，是当时欧洲最活跃的资本市场。

也是在1609年，阿姆斯特丹银行成立，它是历史上第一家取消金属币兑换业务而发行纸币的银行，吸收存款，发放贷款，还办理支付业务，在商户存款限度内以转账形式替他们付款，不另外收费。为了保障银行的信用，阿姆斯特丹市政府通过立法规定，任何人不能以任何借口限制银行的交易自由。所以当荷兰和西班牙的海军在海上厮杀时，西班牙贵族的白银仍可自由地从银行的金库中进出。有了市政担保，阿姆斯特丹银行很快成为欧洲国际贸易的票据结算中心。

日内瓦大学教授尤瑟夫·凯西斯（Youssef Cassis）在《资本之

都——国际金融中心变迁史（1780—2009 年）》中说，过去的 300 年，仅有 3 个金融中心站在国际金融体系之巅：17 世纪中期到 18 世纪末期的阿姆斯特丹；19 世纪和 20 世纪初的伦敦及 1945 年之后的纽约。伦敦和纽约在第一到第二次世界大战期间分享了世界金融的领导地位。

阿姆斯特丹被作者赋予如此高的地位，是因为它一体两面地奠定了现代金融的基石，一边是契约责任，一边是金融与商业体系，包括银行、证券交易所、信用、有限责任公司等。而对阿姆斯特丹金融中心的更大支持，是当时荷兰在贸易、船舶制造与航运、经济、军事等方面的国际地位。

17 世纪中期，荷兰联合东印度公司拥有 1.5 万个分支机构，贸易额占世界的一半。从 1602 年到 1782 年，它分给股东的红利是成立时股本金的 36 倍。它拥有国家权力和军事力量，占领了中国台湾，把印度尼西亚变成殖民地（第一个殖民据点巴达维亚就是今天的雅加达），夺取了非洲的好望角，用一个省的名字命名了大洋洲的国家新西兰，在北美大陆哈德孙河河口兴建"新阿姆斯特丹"——他们从当地人手中买下曼哈顿岛建立贸易站时，这块土地的价格只有 60 荷兰盾。1664 年，英国舰队开来，荷兰将这里让给了英国人，英王查理二世交给他的弟弟管辖，将其领地从英国约克郡迁到新阿姆斯特丹，于是这里被更名为"纽约"，即"新约克城"（New York City）。

在阿姆斯特丹之前，欧洲的金融中心在意大利的热那亚和佛罗伦萨，但阿姆斯特丹的金融影响才是世界性的。其背景是新航路的开辟，贸易从地中海地区发展到南欧再到全世界。亚洲的丝绸织品、香料、棉花、茶叶，美洲的金、银、糖、烟草、染料、毛皮，非洲的黄金、象牙，欧洲的工业制成品、奢侈品、武器，所有这些产品之间发生了交易。在此过程中，荷兰也成为"海上马车夫"，它造的船又大又结实，性价比高，航速快。到 17 世纪末，英国船只中还有 1/4 是荷兰建造的。

1656 年，阿姆斯特丹的新市政厅落成，一位诗人在颂歌中写道："……我们阿姆斯特丹人扬帆远航……利润指引我们跨海越洋。为了爱财之心，我们走遍世界上所有的海港。"准确地说明了荷兰是一个通过经营海上中转贸易而成就的商业帝国。

金融、贸易和航运，荷兰一个也不缺。

威廉·彼得森与 1694 年的英格兰银行

在荷兰之后，英国成为世界工厂与"世界银行家"，伦敦成为国际金融中心。

英国和伦敦的崛起也是系统性的——

英国在 1588 年赢得与西班牙海上争霸战的胜利，在四次英荷战争中打败了荷兰，在 1756—1763 年的英法战争中也后来居上；

1688 年英国的"光荣革命"确立了君主立宪政体，次年颁布的《权利法案》大大限制了国王的权力，为资本主义发展确立了政治制度的框架；

珍妮的纺纱机、瓦特的蒸汽机，奠定了英国工业革命的技术基础；

19 世纪英国成为第一个工业化国家，1870 年其贸易额占世界贸易总额的 1/3……

国家对外扩张蒸蒸日上，实则需要财政和金融打底。17 世纪下半叶，频繁的对外战争导致英国王室政府军费开支巨大，必须开辟新的财源。但《权利法案》第四条规定："未经议会准许，借口国王特权，为国王而征收，或供国王使用而征收金钱，超出议会准许之时限或方式者，皆为非法。"由于议会掌握了最高权力，王在法下，财税大权遂从国王转到议会，国王不能再利用特权征税或赖账不还。从 1690 年起，议会还加强了对税收用途的控制，规定专款专用，国王不得随意挪用，并设了专门机构监督审查。

1692 年议会授权征收土地税，这笔税收直接上缴国库，不经国王之手。1693 年议会颁布《矿业皇家法案》，凡在采矿过程中发现贵重金属，不再属于王室，而归矿业主所有。

这种种限制，让王室的财源顿时减少，只能靠借债填补赤字。当时王室借债的对象是民间的金匠，他们借给王室的利率很高，最高为年利率 25％～30％。

王室必须找到新的筹资渠道。1691 年，伦敦的金匠商人威廉·彼得森与几个合伙人向王室提交了一份成立国家银行的报告。他们可以向王室政府提供 100 万英镑的贷款，政府每年支付 6.5 万英镑的利息，并允许他们发行的票据成为法定货币。但这个报告没有被批准。

1693 年，威廉·彼得森再呈报告，希望筹集 120 万英镑，贷给王室政府，政府每年支付 10 万英镑利息，授权允许他们享有发行与所借款数额相等的货币。经过激烈讨论，1694 年 3 月，议会批准通过了《英格兰银行法案》，采用股份认购方式组建了英格兰银行，国王威廉三世和 1286 名商人认购了 120 万英镑的股票。7 月 27 日，英格兰银行正式成立，威廉三世为其颁发了"皇家特许状"，王室为银行背书。

英格兰银行成立之初是私人股份制银行，目的是给王室提供贷款，支持军费，为国分忧，它享有一般私人银行不具备的一些特许权，最重要的是货币（纸币）发行权。经过漫长的演化，到 1844 年，英国议会通过了《银行特许法案》，英格兰银行正式成为政府管辖下的、拥有唯一法偿货币发行权的银行。再后来，英格兰银行放弃了商业银行业务，成为纯粹的中央银行，主要履行三大职能：代理国库、清算中心、最后贷款人。

英国的《权利法案》和宪政体制，让政府的权力从无限变为有限，变为正常化，这使经济和金融活动的可预期程度大大提高。伦敦的信用就是从这样的框架里生出的。

在另一个维度上，从英格兰银行的历史中可以看到，银行与国家的命运休戚相关。中央银行就是国家利益在金融领域的最后守卫者。

梧桐树下的协议与 1907 年的 J.P.摩根

让我们把视线转向纽约。

1792 年 5 月，华尔街 68 号，一棵梧桐树下，24 位股票经纪人签下了一份协议："我们，在此签字——作为股票买卖的经纪人庄严宣誓，并向彼此承诺：从今天起，我们将以不低于 0.25％ 的佣金率为任何客户买卖任何股票，同时在任何交易的磋商中，我们将给予彼此优先权。"这是市场中自发形成的秩序。

25 年后，1817 年 3 月 8 日，纽约证券和交易委员会（New York Stock and Exchange Board）诞生，后来成为纽约证券交易所。

美国的金融天然具有自发生长和直接融资的传统。先是野蛮生长，然后逐渐规制化，或行业自律，或宏观监管。资本市场帮助美国完成了很多以前想不到的奇迹，连接哈德孙河和伊利湖的伊利运河就是其中之一。它是第一条将美国东海岸与西部内陆联系起来的快速运输通道，使海岸线与内陆间的运输成本减少了 95％。1817 年，纽约州州长德威特·克林顿（Dewitt Clinton）提出这一构想时，预计要耗资 700 万美元，是联邦政府一年收入的 1/3，联邦无力支付。克林顿大胆设想，以纽约州的名义发行运河债券。华尔街热捧运河债券，提供了充裕的资金，原计划十年完成的工程，提前两年就修通了。

在伊利运河之后，无论是铁路建设，还是在南北战争中为林肯政府融资 5000 万美元，华尔街都鼎力支持。内战结束后，南方的将军说："我们不是被北方的军队打败的，是被北方的金融打败的。"华尔街的支持使北方有源源不断的资金供给，而南方仅靠消耗农场主的资金，政府很快就濒临破产。

金融站在哪一边，哪一边就获胜。

由于天生自由经济，美国历史上涌现出许多私人背景的金融家。约翰·皮尔庞特·摩根（J. P. 摩根，John Pierpont Morgan）是最为彪炳史册的一位。1907 年美国银行爆发危机，几乎是靠他一己之力才逃过生死劫难的。

20世纪初的美国经济一片繁荣。从1902年到1907年，发电量增长了一倍多，百业兴旺。资本的巨大需求促使机构与个人过度举债，1906年纽约一半左右的银行贷款都被信托公司投在高风险的股市和债券上。1907年10月，第三大信托公司尼克伯克（Knickerbocker Trust）对联合铜业公司的收购计划失败，市场传言尼克伯克即将破产，从第二天开始，存款人都到银行提取现金，造成挤兑。

在尼克伯克等参与铜矿股票投机的银行和信托公司倒闭后，整个银行业对信托公司产生了强烈的不信任，要其立即还贷，信托公司到处借钱，不惜使利率冲高到150％。银行间市场一片惜贷，市场流动完全停滞，市民在各信托公司门口彻夜排队，等候取款，股市暴跌，纽约市政府无法发债，纽约证交所差点关门。

1907年的美国还没有美联储，救市重担落到J. P. 摩根身上。这位多病的老人挺身而出，在他的私人图书馆召集了一个银行家联盟，要求大家出资，承诺保证市场的流动性。联盟成立了紧急审计小组，评估受困的金融机构的损失，为它们提供贷款，购买它们的股票。摩根先注入自己的资金，然后动用罗斯福政府批准的2500万美元，最终化解了危机。这之后，意识到"不会永远都有救世主摩根"的联邦政府决定重建金融系统，美国联邦储备银行很快成立。

J. P. 摩根说过：风险即机遇，如果政府和法律不做，我自己来！但事实上，凡是政府有求于他，他总是义不容辞。南北战争时，联邦政府为稳定经济和购买武器要发行4亿美元国债，这么大的数量，只有伦敦市场可以完成，但英国支持南方，不可能帮助北方融资。当联邦政府问摩根是否有办法时，他回答："会有办法的。"他并未急着推销,而是先通过新闻界广泛宣讲爱国主义,并亲自到大街小巷,带头为前线募捐。在人民被动员起来后,爱国主义的最好体现就变成购买国债,国债很快销售一空,摩根也从政府手中获得了一大笔酬金。

美国金融史上,在充满创新精神的私人金融家与在每一次危机后"打补丁"的监管者之间,一直存在着伟大的博弈和微妙的平衡。总体来看,华尔街越来越规矩和被律师思维影响,但在西部的硅谷,互联网和人工智能又在驱动新金融的创新。扎克伯格的 Libra 就是其中之一。美国金融发展的一个启示是:永远不能让私人资本或政府监管完全占上风。

1991 年,一位老人的希望与金融的黄金时代

如果以 1602 年成立的荷兰联合东印度公司、1609 年成立的阿姆斯特丹股票交易所和阿姆斯特丹银行作为国际金融中心的起源,那么国际金融中心的诞生距今已经 400 多年。

400 多年前起步的阿姆斯特丹,300 多年前起步的伦敦,200 多年前起步的纽约,都曾登上世界金融体系之巅。后两者至今仍双峰并峙。巅峰不止于高峰,而是一览众山小的顶峰。

以百年为尺度,下一个,是谁?

上海有没有可能?

从 1847 年英国丽如银行在上海设立代理处,成为第一家进入中国的外资银行开始,上海就是中国金融国际化的象征。其间有起

有伏，但作为国际金融中心所特有的基因和气质——重规则、守契约、讲专业——一直留存在这座城市的血脉中。

20 世纪 30 年代，上海就是亚洲的国际金融中心，影响力远超东京等城市。

当时的上海，外资金融机构云集，截至 1936 年年末，在沪外资银行达 27 家；中资金融机构总部集中，截至 1937 年年末，有各类中资银行 83 家，其中总行或总管理处 57 家；主要由上海众业公所和上海华商证券交易所组成的上海证券市场，是亚洲最大的证券市场之一；上海金业交易所是亚洲规模最大的黄金交易市场，1926 年成交的标金（重 10 两的标准金条）达 6232 万条，仅次于伦敦和纽约；上海外汇市场的国际化程度和市场成交量均位居亚洲各国前列；上海的票据贴现市场、银行同业拆借市场等其他金融市场的交易也十分活跃。直到抗日战争，上海的国际金融中心地位才逐渐衰退。

半个多世纪之后，1991 年，邓小平在上海说，"上海过去是金融中心，是货币自由兑换的地方，今后也要这样搞"，"中国在金融方面取得国际地位，首先要靠上海"。这位 1920 年从黄浦江畔出发去法国勤工俭学的充满开放意识的领导人，把金融中心、国际地位的要求交给了上海。

1992 年，党的十四大宣布建设上海国际金融中心，并作为中国现代化建设的一项重要长期战略。2009 年，国务院颁布国发〔2009〕19 号文件，提出上海到 2020 年要"基本建成与我国经济实力以及人民币国际地位相适应的国际金融中心"。眨眼间，已到了交卷时刻。

今天，上海是全球金融要素市场最完备的金融中心城市之一，不仅形成了涵盖股票、债券、货币、外汇、商品期货、金融期货与场外衍生品、黄金、保险、信托等门类齐全的金融市场体系,而且建成了上海清算所、中国信托登记公司、跨境银行间支付清算公司(CIPS)、中央结算公司上海总部、中债担保品业务中心等金融市场的基础设施。

今天,上海已经形成了各类中外资金融机构集聚的金融机构体系,以及充满创新活力的金融产品和业务体系。原油期货、国债期货、股指期货、股指期权、黄金 ETF(Exchange Traded Fund,交易型开放式指数基金)、跨境 ETF、ETF 期权、外汇期权、铜期权、同业存单、信用风险缓释工具等产品陆续上市,跨境人民币业务、投贷联动等业务创新不断推出,外资股权投资企业(QFLP)试点和合格境内有限合伙人(QDLP)试点在全国率先推出,自贸试验区在全国率先开展自由贸易账户试点。

这些概念离一般人似乎很远,但从国际一流金融中心建设的角度看,这都是不可或缺的。很多产品推出的背后,都充满了极其不易的创新探索、上下沟通、左右磨合。

今天,从内涵功能看,上海已经具备了价格形成、资产定价、人民币支付清算、服务实体经济(2019 年上海金融市场直接融资额为12.7 万亿元,占全国直接融资总额的 85％以上)等金融中心的基本功能。

今天,从开放水平看,上海的跨境资源配置能力已经上了一个大的台阶。在金融市场互联互通方面,上海成功启动了"沪港通"、"沪伦通"、"债券通"、黄金国际板、人民币合格境外机构投资者(RQFII)境内证券投资、跨境人民币结算再保险业务等等。截至2019 年年末,共有 2731 家境外机构投资者进入银行间债券市场,

"熊猫债"已累计发行 3356.7 亿元，A 股相继被纳入明晟（MSCI）、富时罗素（FTSE）、标普道琼斯三大国际指数，中国债券被纳入彭博巴克莱全球综合指数、摩根大通全球新兴市场政府债券指数。

今天，从发展环境看，上海国际金融中心的配套服务体系不断健全，营商环境显著改善，法治、信用、人才环境也更加完善。陆家嘴金融城在全国率先实施了"业界共治＋法定机构"公共治理架构，在 31.78 平方千米的陆家嘴，聚集了 4 万多家企业，上海 47 万金融从业人员中 30 多万都在陆家嘴。如同丘吉尔所说，"由于金融城的存在，伦敦才配叫伦敦"。由于陆家嘴的存在，上海国际金融中心才有了灵魂的栖息之地。

过去二三十年，是上海金融发展的黄金时代。

无论登顶多么漫长，有梦想就会有希望

当今天探讨上海国际金融中心的明天时，往往会听到两种声音。

一种是，随着中国经济总量未来超过美国，上海挑战甚至超越纽约不在话下。

另一种是，在利率汇率市场化、货币国际化、资本项目可兑换等尚未完全实现，法治、人才环境与"纽伦港"相比还有差距时，上海要建成"最高级"而不是"比较级"的国际金融中心，仍遥遥无期。以资本市场为例，沪深交易所还没有一家外国公司上市，如果我们的市场只为本国公司提供证券发行业务，完全放弃"离岸业务"，是无法

和纽约、伦敦的市场媲美的。债券市场也有类似问题。

我赞同基于第二种声音的一些观点,即未来上海国际金融中心的建设必须更加开放,更加国际化、法治化,胆子要更大一些,步子要更快一些。在有些方面,单点的政策试来试去已经有很长时间,应该尽快落实为通则和规制,全面推开,深度推进。有些政策创新的"帽子"很大,却"光打雷不下雨",让人干着急。

更开放,更自信,这不仅对国际金融中心建设有利,对于整个中国更好地融入全球化、服务全球化,也是重要的战略选择。

但同时,我也认为,上海国际金融中心的登顶之路,一定会有自己的特色,而不是对某个国际版本的照搬。金融抑制不可取,但在整个金融文化还不够健全、体制性结构性扭曲依然不少的背景下,多一些稳定的考虑,也并非多虑。因为这不只是一个城市的战略,也是国家的战略,上海作为金融中心,时时刻刻都在服务全国,和整个国家的发展路径不可分,和所处的时代与国际环境也密切关联。

只是我们需要认识到,稳定的最终达成,靠的不是封闭和收缩,还要靠改革,靠形成真正可信赖的制度环境和法治环境。同时,还要善于发挥新技术的作用。

比如,今天是移动互联网、大数据、云计算、区块链的时代。由于以移动支付为代表的金融技术的普惠化创新,中国正在发生一些深刻变化。中国有一条著名的胡焕庸线,从黑龙江黑河到云南腾冲,绝大部分经济活动都集中在这条线东边,西边则非常荒凉。但是北京大学数字普惠金融指数表明,中国的移动支付已经开始突破胡焕庸线,从2011年到2018年,东西部移动支付覆盖度指数的差异缩小了15%。传统金融无法实现的服务的普惠化,新技术会帮助实现。

尤瑟夫·凯西斯在《资本之都》中文版序言中提出过几个观点，值得倾听：

1. 一座城市崛起为国际领先的金融中心与其所在国家的经济实力是密切相关的；

2. 国际金融中心领导地位的轮换是非常罕见的；

3. 轮换过程非常缓慢，而且往往是国际经济政治动荡的结果；

4. 上海要想追随 18 世纪阿姆斯特丹、19 世纪伦敦和 20 世纪纽约的脚步，那么中国的经济规模必须超过美国。同时，历史表明，作为全球最大经济体并非拥有一个国际领先的金融中心的充分条件，纽约 1914 年开始挑战伦敦的时候，美国的 GDP 已经是英国的 2.5 倍，人均 GDP 也比英国高 20%，但仍然用了 30 年时间（跨越两次世界大战）才最终完成了替代过程。因此，上海或上海—香港联盟还有很长的路要走。

上海国际金融中心的未来，从根本上取决于中国经济的未来和全球地位。虽然全球经济力量从大西洋时代到太平洋时代的迁徙是一个大趋势，但这个过程会很漫长，甚至也会有曲折。

不过，有梦想才会有希望。上海国际金融中心建设的梦想，就是登顶全球金融体系之巅。梦想有多大，自我超越的意愿和不断创新的行动力就会有多强。

从登顶全球的梦想来说，过去 20 多年，上海国际金融中心建设只是完成了一小部分任务，在中国新的全球地位和人民币资产地位的基础上，更具挑战性也更具吸引力的征程才刚刚开始。上海有条件也应该走得更快。

致上海——你将沦为环杭州城市，还是勇当众城之神？

"今日，参观虹桥商务区：大交通、大会展、大商务，政府主导的又一个超级工程。上海市的国资存量全国第一，掌握了 N 多资产。不过，为何深圳的总市值超越上海？问题还是在所有制结构上。香港、广州正在沦为环深圳城市，上海、苏州会不会沦为环杭州城市？"

我曾在微信群里看到一个江苏人这样评论。

一

先说说我的基本观点——

第一，以上海得天独厚的地理、人才、政策、城市治理等优势，上海不仅不会沦为环杭州城市，而且将继续扮演可信赖的国家使命受托者的角色。这些使命包括：国际经济、金融、航运、贸易中心；全球科创中心；追求卓越的全球城市；国际文化大都市；在国家"一带一路"和长江经济带发展战略的交会点，引领长三角世界级城市群参与全球竞争。

由这些定位可以看出，"上海沦为环杭州城市"更像一句玩笑，杭州等长三角城市群环上海这一龙头展开，才是国家的期望。

第二，国家使命和各种功能中心并不会自动实现。或者说，是创造性实现，一般性完成，还是平庸化接近，甚至擦肩而过，差异会很大。如果是计划经济时代，只要定了哪里是中心，并注入相关资源，哪里就会成为中心。但在全球化、新技术革命、各个区域充分竞争的新时代，"往哪儿去"存在着不确定性，新中心很可能在原来没想到的地方崛起；"怎么去"存在着不连续性，未来不是过去的简单延伸。

柯达被颠覆了，摩托罗拉被颠覆了，城市作为人、经济、文化、社会的复杂生态，没那么容易被颠覆，有巨大的可传承性。但城市的引领性地位也不是一成不变的，领风气之先不是谁的专利。不充分意识到这一点，没有透彻的危机感，纵然天降大任，也可能花落别家。

20多年前上海就提出国际贸易中心的定位，那时还没有互联网和电商。2016年上海市货物进出口总额为2.87万亿元，而阿里巴巴零售平台当年交易额是3.77万亿元，那么谁更像贸易中心？当金融科技深刻地改变传统金融，原来的金融中心会不会旁移？如果以深圳为核心的科技湾区未来比肩硅谷，上海的科创中心如何成立?时代在深刻变化,数据驱动的新中心正在颠覆传统的中心,还按传统路径走,反而可能离未来的中心越来越远。

第三,要把定位和使命真正变成现实,上海要淡化这些"高大上"目标所带来的天然的优越感,而回到更为根本也更为重要的原点,就是如何激发起更强劲的创业者和企业家精神。大部分的经济奇迹都不是规划出来的,而是依靠企业家的创新精神、东碰西撞摸索出来的。今天的很多全球生意(global business)都源自车库生意(garage business,如惠普、迪士尼、苹果、亚马逊、谷歌),但正是车库里的梦想、激情、创造力和改变世界的勇气,最后成为最强大的社会资本。不是高楼大厦,不是特许权,不是政府订单创造出伟大的公司,伟大公司的引擎是企业家精神,企业家精神驱动的平台型、生态化公司正在成为21世纪的新中心。

企业家精神不是企业人独有的精神,政府、医院、学校、社会组织,一切秉承顾客导向和矢志创新的地方,都可能存在企业家精神。有了这种精神,就会面向未来,不断超越自己,勇敢参与竞争,努力创造更好的用户体验。否则,即使坐拥天时地利,若你不抓不抢,你的奶酪也会被别的地方抢走。中心不是政府怀里抱出来的,是在市场中闯出来、创出来的。

二

关于上海,我曾写过两篇文章,一篇是关于上海何时能再现"互联网王者"，一篇是比较深圳和上海。①

第一篇谈的核心是文化。上海喜欢"高大上"和成熟的东西，喜欢世界 500 强，上海的城市文化有一种特别的塑造力，能把气魄变成气质，把雄心变成心思，把立意高远变成不好高骛远，把"事业本身就是生活"变成"事业就是为了更好的生活"。在卓有成效的管理和文化熏陶下，随着很多杂质被筛掉，很多可能性也被终结了。对成功了的马云、马化腾，上海会给他们足够的礼遇，但对创业初期默默无闻的马云、马化腾，这座城市可能会忽略他们的存在。上海呼唤"互联网王者"，但真的能接受那个"大话乱说""衣服乱穿"的杭州师范学院毕业生吗？

这里补充一个细节。有一次我到上海高级金融学院深圳分部，南山区中洲中心，讲完课到附近一家挂着上海招牌的小店吃宵夜，晚上 10 点 40 分了，对面的腾讯大厦大约有 2/3 还是一片灯火，店老板说基本天天如此。腾讯是世界 500 强和十大市值公司，还这样加班。要在上海，估计很多上班族的第一联想是《劳动合同法》，是"我有我的生活"。当然，这无关对错，只在于取舍。

2016 年写的第二篇文章是去深圳出差，看到复旦老学长、深圳大学魏达志教授"上海不是深圳的对手、浦东也干不过前海"的观点，写了一篇文章回应。我先根据两地政府的公开数据做了计算，发现常住人口不到上海 1/2、面积不到上海 1/3 的深圳，预计 20 年后经济总量可以超过上海；深圳人均 GDP 已经超过上海；深圳的万

---

① 即《上海滩为何难产"王者"？》《当深圳敲门，对上海是阴影还是动力？》两篇文章，均发布于"秦朔朋友圈"。

人发明专利、研发投入占 GDP 比重、新兴产业增加值占 GDP 比重等创新指标优于上海;深圳的企业家精神强于上海。

在分析上海经济活力为何不如深圳时,我提到了一个原因:在上海,你很少看到某一个问题激发整个城市各种经济成分的热忱,头脑风暴,群策群力。上海习惯的方法是:高素质官员组织调研,找出具体目标和方向,让大家执行。但长此以往,上海的视界就会锁定在官员的头脑里,他们再聪明也赶不上时代的快速变化。上海创新力不足的问题,官员不是不知道,但他们习惯于自己去指导如何解决。

这样的模式和文化,可以保证不出现什么差池,在那些变量少、不确定性弱的领域也完全适用。但就是很难长出最前沿的、最打动人的传奇。无他,传奇是打破常规的产物,打破常规是需要包容甚至鼓励的,上海也鼓励创新,但前面有太多定语。

三

可是,历史上,上海是不缺乏冒险精神、企业家精神的。

上海 1843 年开埠,人口规模排全国第 12 位,从一个海边县城跃居远东第一大都市,不过数十年。1900 年人口突破 100 万,居全国第一。当时上海人口中外来商人占有重要地位,上海不排外,加上自治、法治与安全程度高,讲商业契约、职业精神,越来越多的资本向这里汇聚。

上海是冒险家的乐园,也是企业家精神的沃土。洋务运动时期三大代表性企业——江南制造总局、轮船招商局和机器织布局，都在上海。民间资本代表，从"火柴大王"到"五金大王""出租车大王""寿险大王""油漆大王""百货大王"，"百业之王"的相当一部分都在上海。巴格达一个贫穷犹太人家庭的儿子哈同（Silas Aaron Hardoon），到上海时身上只有 6 个银圆，后来成为拥有 400 万英镑财富的"远东首富"。今天赫赫有名的友邦保险也起源于上海。1919 年，27 岁的美国年轻人史带（Cornelius Vander Starr）带着 330日元抵达上海，两年后办起亚洲人寿保险公司，1939 年才将寿险业务总部迁至纽约。

一个符合国际商业习惯和法治原则的上海，一个生活条件相对优渥的上海，必然是华洋商贾汇聚的宝地。而一个影响深远的现象是，房地产成为富豪所获超级利润的重要来源，大获其利的不仅有沙逊、哈同、嘉道理等洋商（民国初年在上海做房地产的洋商就有30 多家），也有程谨轩父子、徐润、周莲堂，以及来自南浔的张、刘、邢、庞四大家族等华商。进入民国后，浙江的虞洽卿、"颜料大王"贝润生等商人也大举投资房地产，有实力、有眼光的市民也介入地皮买卖。最狂热之时，只要付出定洋，买入地皮，什么也不用干，隔夜就获利。

据记载，1927 年，上海知名律师吴凯声花 3000 两银子买了一块地皮，仅仅三年多时间，便以十倍价钱转手卖出。名中医陈存仁在静安寺路、愚园路花 5200 元买了一块三亩七分的地，不到三年以 3万元价格出手，数年后涨到 10 万元。

得天独厚的位置和条件让上海聚人，人聚则财聚，土地升值很自然。当时上海租界当局的收入主要靠房捐地税，房捐地税多，投入公共基础建设，环境改善，土地进一步升值。所以孙中山说："上海黄浦滩的地价，比较八十年以前的地价，相差又是有多少呢？大概可说相差一万倍。"但从另一个角度，把房地产做成速成和暴富的商业模式，危害也很深。王季深在 1943 年所著的《上海之房地产业》中说："现阶段的房地产投资对于社会各业的贡献少、危害多，一言以蔽之：投机的恶果。""时隔数月，同一房地产已经数易其主，如此互相做踢皮球式的买卖，其价安得不愈踢愈高？""房地产业投机的最大恶果：间接刺激价格，陷民生于水深火热之境！"

这就是 1949 年之前的上海。注重生产性创新的实业家，注重交易性价值的金融家，注重资产性升值的投资者，三股力量并存。如同"买办文化"一样，炒股票、炒黄金、炒地皮、炒房产的"投资文化"也是上海的基因。美国作家爱狄密勒在《上海：冒险家的乐园》（*Shanghai: The paradise of adventurers*）中说："上海！这华洋杂处的大都会，这政出多头的大城市，这纸醉金迷的冶游场，这遍地黄金的好地方，真是冒险家的乐园……大家都去上海啊，那里鱼多水又浑，正可以去大大地摸一下。"

如果沾着上海的地就发财，为什么要辛辛苦苦地做实业？历史上有不少这样的故事：上海周边的实业家迁往这块风华宝地后，就"产融结合"，然后越来越金融化，财富越来越多，投机依赖越来越强，有的升天，有的破产。妩媚的"魔都"和专注聚焦的实业精神似乎不可能完全契合。

四

当计划经济时代来临，交易性价值和资产性升值的客观条件没有了，上海的城市定位从消费性城市变成生产性城市，只能一心一意搞生产搞制造，中国人的"三转一响"——缝纫机、自行车、手表、收音机，"三转"都离不开上海。

上海不是没有生产性创新的条件。有很长时间，上海制造就是品质，就是信誉，上海工厂里的师徒制与八等级工评审制就是有效。

上海从生产性城市的定位，变成多功能中心城市的定位，开始进行"三二一"产业结构调整和产业布局调整，是在 1992 年 12 月的上海市第六次党代会上。此前的党的十四大提出，"以上海浦东开发开放为龙头，进一步开放长江沿岸城市，尽快把上海建成国际经济、金融、贸易中心之一，带动长江三角洲和整个长江流域地区经济的新飞跃"。到 2001 年，国务院批复原则同意《上海市城市总体规划（1999—2020）》，加上了航运中心。"三中心"演进为"四中心"。

在上海的"中心化"进程中，国家给予了很多政策倾斜，例如将金融市场集聚于此，批准了多项枢纽工程以提升辐射效应，自贸区也率先试验。上海的综合优势迅速发挥，历史上的人聚财聚效应再次显现，特别是外资机构，更是爱上海爱到不能再爱。特斯拉有多少中国城市都在垂涎，但它最中意的还是上海，上海几乎不用去抢。

在某种意义上，具备服务中心功能的城市相当于有一种国家赋予的"征税权""收租权",也就是凭借服务功能向所有对象收取一定费用。很多交易必须经由你,有交易就有手续费,其中直接代表政府信用的交易平台(如金融市场)更是稳赚不赔,而且有巨大的外溢效应。

上海之所以是上海,其财富背后的密码,就是依靠历史形成的地位、优势和信用,通过功能中心的打造,得到了巨大的"制度性租金"。国家让上海收,因为上海可靠,对国家发展最有利。小富由俭,大富由天,为何天降大富?因为上海有长期形成的信用和忠于职守的文化。

但是,一个"制度性租金"丰厚的地方,一个新世纪土地再一次惊人升值的地方,一个交易性价值和资产性升值机会满地都是的地方——而且这已经成为城市的基础性结构和基因——在这样的地方,你还想专注于生产性创新,那就不容易了。

我曾经问过几位上海的国资领导者:你们不去全国各地开拓市场,主营产品的市场表现也不怎么样,为何日子挺好?一个原因是土地、物业很多,早期投资形成的可交易金融资产价值很高。王侯将相,宁有种乎?生在上海就有福分,就是不用像浙商那样,历尽千辛万苦,说尽千言万语,走遍千山万水,想尽千方百计,就在这里,坐地就可生财,你奈我何?

2016年上海的工业增加值中,公有制经济增加值占48%,比上年增长6.8%;非公有制经济增加值占52%,增速也是6.8%。在全国,公有制经济比重如此之高,非公有制经济增速如此之低,起码在比较发达的地区中是罕见的。这既说明上海国有企业底子真是厚,也说明上海民营企业的空间不够大,作为不够大。

　　如果来看上海企业的纳税情况，更有意思。排第一的上海烟草集团有限责任公司 2016 年纳税额为 742 亿多元，占上海整个税收收入的 6.3%，占工业百强企业纳税总额的 41.6%，这种地位，哪个地方能比？对照一下，深圳烟草 2016 年税利加起来才 54 亿多元。上海烟草之后，工业企业的纳税大户是两家汽车（大众、通用）、两家石化、一家电力、一家钢铁。再看第三产业，纳税前十的是三家银行（浦发、交行、上海银行）、三家证券（国泰君安、申万宏源、海通）、一家人寿保险（太平洋）、一家中石油东部管道公司、两家汽车销售公司（通用、大众），外资的苹果电脑贸易紧随排在第 11。

　　上海国资占比高，外资强，央企也不少，金融机构规模很大，2016 年上海第三产业纳税百强中，金融机构占 47 席。上海的钱多，钱能生钱，上海的地值钱，钱地交融更生钱。不过，试问上面列举的那么多企业，哪些会让人联想到高新技术和代表未来的企业？联想到白手起家的创业英雄？谁是这些企业的领导者？你能想到类似马明哲、任正非、马化腾、王卫、王石、王传福这样的名字吗？

　　再看看民企。2017 年 8 月 24 日，全国工商联发布了"2017 年中国民企 500 强榜单"，上海一个自媒体的报道是《牛！2017 中国民企 500 强，上海这 13 家企业强势入围！》——好幽默。浙江有 120 家企业上榜，连续 19 年蝉联全国第一，杭州的萧山区就有 15 家上榜。上海这叫"牛"，真是"呵呵"了！

　　在民企富豪榜上，2017 胡润百富榜，从上往下看到第 25 名是郭广昌，第 26 名是史玉柱，第 43 名是刘益谦。前 50 名，就这 3 个，把总部在上海的刘永行（第 30 名）算上也就 4 个。不少朋友告诉我，上海有很多隐性富豪，炒股炒汇的，做房地产的，一本万利的，比民企

500 强里的企业有钱多了。可是这些套利性的富豪,自己都不好意思出来说说是怎么发家的吧。

再看看公司市值。根据数据宝对包括 A 股、港股、美股在内的各城市所辖上市公司的股票总市值统计,2017 年 11 月底,深圳的上市公司总市值(350 家)达到 10.04 万亿元人民币,上海(379 家)为 7.5 万亿元,上海市值前 8 的公司清一色为国企、央企(交行、浦发、上汽、太保、联通、宝钢、上港、国泰君安),深圳市值前 7 家中有 5 家以非公资本为主(腾讯、中国平安、万科、平安银行、比亚迪)。

上海有强大的国资、外资依赖,有"制度性租金"的优越环境,自然就不会成为最具活力和创新精神,能创出驰名天下的好产品、好服务的民企的大本营和摇篮。当然,这也无关对错,只在于取舍。

五

但是,要说上海就不可能在生产性创新方面挑战深圳、浙江、北京,不可能出现"互联网王者",我倒真的不悲观。

不谈上海的基础条件和法治优势,只谈两点:第一点是上海的开放度不断提高,移民占比不断上升,而且教育基础扎实,人口素质很好。就拿互联网领域来说,从当年的梁建章、邵亦波到今天的庄辰超,这些在上海接受了中小学教育的人,从聪明程度看都是同代互联网人里最高的。而庄辰超告诉我,他当时在华师大二附中一点也不突出,比他强的比比皆是。上海人的素质,新上海人的素质,到上海的外国人的素质,都不用怀疑。

第二点，上海正在形成适合创业者成长的土壤。最近接触了一些在上海的"80后"企业家，"饿了么"的创始人张旭豪是上海交大研究生辍学创业的，"英雄互娱"的应书岭是华东师大本科辍学创业的。上海的互联网公司在很多细分领域都可圈可点，我接触过电商方面的小红书、拼多多，教育方面的沪江、义学教育，内容方面的阅文、喜马拉雅FM，金融方面的汇付天下、拍拍贷，等等，都不是规划出来的，而是自己悄悄长大的。而互联网只不过是上海"双创"中的一个方面。上海互联网不出"王者"，但已经具备成就一批新领军者的土壤，说不定哪天就能再来一个陈天桥。

现在，上海需要的是为民企再鼓一把力，帮他们去解决影响发展的切身问题（如内容牌照）。白手起家的人不需要特别的政府优惠，但在一个国资外资超强的环境里，他们需要全社会给予更多关注的目光和期待，为他们加油。上海应该去倾听他们的声音，年轻人的声音，最有创新可能性的声音。

上海的国企很强，但是缺乏杰出的国有企业家。也不是素质问题，是他们没有被更好地激发。他们更像是强大政府导向的追随者。上海应当在国企混合所有制改革和对国有企业家的激励方面更勇敢。如果没有人敢出头、能出头，怕出头，都是本本分分的经理人心态，那么上海的国企不会有新意、有创造性，让人惊喜。

作为一个以强管理为特色的政府，从上到下，如何真正建立顾客意识，真正听取顾客的声音，快速响应顾客的需求，哪怕他只是一个师范院校的毕业生，只是开了一个小翻译公司，他也能被覆盖在服务之列，这是上海需要深入思考的。上海的政府服务总体不错，但按照互联网时代的便利、便捷、敢闯敢试的要求，还有很多梗阻，亟待消除。

当政府不觉得自己比企业家和创业者聪明的时候,当政府意识到它的聪明应该更多地来自倾听的时候,这座城市的企业家精神自然就会茁壮成长。

六

最后想说说,我心目中的未来上海。

在现代化的高楼大厦中,留出空间,让人们很方便地吃到大众化的早点。每一片社区都有一些公共空间,让人们交流,为人们服务。

在寸土尺金的大都会,千方百计,让那些有梦想的年轻人和城市最基层的服务工作者,有干净温暖安全的栖息之地。创业公司的员工可以比较轻松地租到房子,有便捷的交通去上班,而且不要把太多时间消耗在路上。孩子的教育和全家的医疗,也能有安心放心的解决方案。

上海那些"高大上"、世界级的定位,能落实到所有利益相关者易于感知的点点滴滴里,让他们真切地感到:上海欢迎你,上海服务你,上海帮助你,上海造就你。到上海,就是上海人;是上海人,就能被尊重,被帮助,不被刁难,不受冷眼,平等相处,和谐相待,像一个大家庭。这不是光靠政府就能做到的,而是全社会的责任。

我特别地希望,上海不只是大人物的上海,也是小人物、籍籍无名者的上海。他们身上可能有无法想象的伟力,不关心他们,我们的城市有可能酝酿着无法估量的麻烦和危机。

有这样的气氛，则人民的主动性、创造性、奋斗精神和彼此之间的友好性，都会充分涌流，上海的诸多功能定位，就会水到渠成。

对我而言，如果爱上海，一定不是爱她物质化的面貌，而是爱她的精神、文化和态度。

我希望上海是众城之城。更主动地对接长三角，对接全国，对接世界。为长三角城市谋方便，就是为自己的未来谋方便。不为别人谋方便，别人就会自己去找方便，上海的未来反而不方便。

我希望上海是众城之都。上海一定有一些特质、一些功能，创意、文化和生活方式，因其中西荟萃又追求卓越的努力，会具有制高点和引领性作用，从而形成长三角的"都心"。

我希望上海是众城之神。上海需要更大的胸怀和气魄，在方方面面对标全球和中国的最佳标杆和案例，看到自己的不足，倒逼式前进，如此才能在中国现代化和伟大复兴的道路上，努力向着"21 世纪全球最佳大都市"的方向进发。如果满足于目前的水平，那不但成不了全球卓越城市，就是在中国，也可能在很多方面被超越。

上海，真的缺的是一口气，一股劲，一种众志成城、非最佳而不为的精神，一种敢为天下先、勇争世界尖的气魄。

想到了一句话，献给上海，和所有在这块土地上为希望而奋斗的人们——除非大海将我们吞没，否则我们永远要在众城之上！

再致上海——一座城市的全球领导力猜想

一

2020 年是我在上海生活的第 20 个年头。大学 4 年，工作 16 年，这里已是我居住最久的地方。在这个时间刻度上，忽然很想写点什么，对自己是一种纪念，对这座城市是一种感念。

过去两年多时间，上海举办了两次"进博会"，科创板开板，自贸区临港新片区设立，长三角一体化发展升级为国家战略。2020 年对上海更有重要意义，这是浦东开发开放 30 周年，也是上海基本建成国际金融、贸易、航运中心之年。

当中国坚持经济全球化，对全球增长的引擎作用越来越显著，上海，正从中国的经济中心向着国际经济的中心迈进。这是自然演进，也是主动担当。上海，要进一步成为"世界的上海"。

与此同时，当中国更加依靠内需，追求高质量发展和治理的现代化，无论是打造科创中心，还是提升"像绣花一样精细"的城市管理水平，以及在上海大都市圈和长三角一体化中推动公共服务的普惠便利，上海都必须具有更加浓郁和自觉的中国意识，把自身发展和周边乃至整个中国统筹起来考虑。上海，要进一步成为"中国的上海"。

沿着上述逻辑可以写很多文章，但此刻触发我下笔的动力，并不是这些宏大叙事，而是在新冠病毒引发疫情的这段特殊日子里，我所感受到的，上海的"精神、文化和态度"。

二

在全国很多地方，谈到上海人特别是上海的公务员，人们都会说：素质比较高，讲话有水平，内容很正确，滴水不漏。言外之意，缺那么一点性格。

这一次，因为上海医疗救治专家组组长张文宏的出现，一种更本真、更少修饰的上海性格突然出现了，并在全国"吸粉"无数。

"一线岗位全部换上党员，没有讨价还价"，"最有效的药是病人的免疫力，我们做的事，是帮病人熬过去"，"你在家不是在隔离，你是在战斗，当你觉得很闷，病毒也被你闷死了"，"上海的防控体系很好，属于少林派，非常干净有力，社区防护强大无比"，"上海的发热门诊是 110 家，北京是 76 家，新加坡是 800 家！你说人家是佛系，你搞笑呢，看上去佛系，人家是武当派"……

张文宏通晓中西,科研临床相结合,专业水平一流。而他说的话,客观独立,朴素耿直,幽默风趣,不云山雾绕,不照本宣科,不条条框框,已经有点"随心所欲不逾矩"的境界了。他让我们看到了上海性格的多元化的一面。

而上海像张文宏这样的"专业化网红"不是少数,甚至可以说,只要站出来,就是一道风景。

上海市精神卫生中心主任医师谢斌是另一种风格,通俗易懂,但多了几分人文情怀——"控制灵魂对自由的渴望,切不可输在麻痹大意","请大家再捱一捱,再忍一忍,病毒消散之际,骑马踏花,看尽山河之绚烂,所有美好不急于一时","用知识武装自己,好过消毒水","与其整天焦虑,不如让身体先忙起来","不论是居家办公还是到公司办公,都可以化个妆"……

专业是一种力量,专业主义是一种底蕴和素养。成千上万各行各业的专业主义者聚集在上海,用专业说话,凭本事吃饭,在风平浪静时不显山不露水,一旦这座城市遭遇危急和困难,他们就会出现,用知识和正直领航。在上海,潜伏着多少"中国机长"和"蜘蛛侠"式的魅力人物!

三

武汉是抗疫第一线,上海共派出 89 家医院的 1636 名医护人员,分 9 批次驰援,进驻武汉 17 家医院的 28 个区,包括 3 个 ICU 病区、16 个重症病区、3 个普通病区、6 个方舱医院。他们代表上海,做好了挑重担的准备，也打了太多可歌可泣的硬仗。但是，当你穿过残酷的战况，还可以看到另一种格调。

魏礼群是华山医院麻醉科的一名"90后"医师，他在抢救一名危重患者时，救了一个半小时没能救回来，出了病房忍不住失声痛哭。他后来在日记中写道："这里并没有从天而降的英雄，只有挺身而出的凡人。"他们不可能拯救一切，但他们做到了不顾一切。

张继明是华山医院感染科副主任，他2月4日到武汉，每天十几个小时连轴转。2月26日这天上午，他安排好手头工作，借用方舱医院的一间简易办公室，用云端在线方式向复旦大学上海医学院16级临床八年制专业本科生讲了一堂"传染病学"课程。课程是早已录好的，在线是互动答疑。他说："我们都是从学生过来的，尽力为学生答疑解惑是老师的责任。上课无小事，上医的学生都很优秀，我不能亏欠他们啊。在武汉前线抗疫不是放松教学的理由。"治病救人，但并未忘记教书育人。

刘凯是中山医院的医生，27岁，在武汉大学人民医院东院支援。3月5日下午4点多，他护送病人去做CT检查随访，路上看到阳光很好，就停下来，让住院近一个月的87岁的重症患者欣赏日落。老人说，夕阳蛮好。

李发红是华山医院感染科的医生，她多才多艺，把美国女歌手克里斯叮（昵称"叮叮"，Christine Welch）的《一百万个可能》改编成《唯一的可能》，与医护人员们一起拍成MV，献给前线的"战士"。歌词唱道："在那瞬间，只有唯一的可能，坚持到底，为最后胜利……待雀鸟欢鸣，樱花盛开，你平安归来。"她还把编好的MV发给了叮叮和她的助理，叮叮正忙于博士论文的定稿，但接受了邀请，在美国录了一段视频,祝福中国抗疫一线的医务人员。

压力让每个人感到沉重。但我从这些活生生的上海形象中,还看到了一种专业的镇定,心态的平衡,就像阳光和音乐,能帮助我们稀释苦难。那是暖的力量,是基于专业素养的定力,给更多人缓压,而不是不可承受之重。

这座城市有一种特别的调调,在日复一日的日子里,她不愿意太简单,太"素颜",而希望出门前化一点妆容,有一点调剂,有一点正式感,有一点美。

四

作为中国人口最多、对外流动性超强的枢纽城市,上海本身的防控压力也很大。国外专家曾预测,上海是除湖北外最危险的国内地区之一。

在派出很多医疗精英挺进前方后,上海的一些医院向 70 岁以下的已退休主任级医生打招呼:做好准备,应援本地。

但上海经受住了考验。截至 3 月 8 日上午,上海累计确诊 342 例,累计治愈 313 例,正在治疗 26 例,死亡 3 例。

财新的报道指出,上海较早即以"极可能人传人"为前提做出研判,布局了高标准防疫措施,在市属各级医院展开相关的研究、学习、培训。

1 月 3 日,上海市公共卫生临床中心(简称"公卫中心")张永振团队拿到一份武汉市疾控中心寄来的不明原因发热患者标本,40 多个小时就得出病毒基因组全长序列，经分析发现该病毒与 SARS 冠状病毒同源性高达 89.11％。

1月5日，公卫中心立即向上海市卫健委和国家卫健委等主管部门报告。1月上旬，上海各家医院开始广泛培训医生，以防有相关患者来到上海却不会处置，当时设定的一个前提就是"人传人"。

1月15日，上海市同仁医院接诊了首例武汉抵沪的新冠肺炎患者，患者当天就被隔离。公卫中心收治第一名新冠肺炎患者后就进入了全面应急状态，运转负压病房。

张文宏说，上海阻止了新冠疫情本来可能出现的指数级增长，"这是在政府多项措施及民众高度自觉下实现的"。

复旦大学上海医学院副院长吴凡说，上海在第一阶段的防控成效得益于交通检疫、重点地区抵沪人员隔离观察管理、对患者的及时识别诊治（"一人一案"），以及对其密切接触者的流行病学调查等各个环节衔接顺利，且高质量完成。

疫情还未解除，防控还在路上，上海还在严防死守，特别是对于机场。从3月6日起，上海16个区驻点人员进驻两大机场，24小时不间断值守。机场设立专门的人员集散点，对于原计划搭乘公共交通、需要居家隔离健康观察的入境人员，一律由各区安排专车、专人集中接送，严格落实14天的隔离。

对于行之有效的防控经验，上海并没有高调宣传，而是一直强调，切不可掉以轻心。这背后所遵循的，还是科学与规律。

五

我家住浦东花木,所在小区有 300 多户居民,居委会预约发放口罩,一开始是让大家到药店领取,后来改为由居委会派人送到每户人家的信箱,以减少居民外出和接触。从这个小小细节可以看出,基层社区不是简单地领任务、派任务,而是把事情尽可能做细、做到位。这也是专业主义的精神。

在家里闷久了,我会走到三八河边散心,或者开车到江边,停在一个地方,到江边步道上走走。三八河边不知何时新修了一条柏油路,代替了原来的土路,原来泛滥的芦苇清走了,绿植青青,生机盎然。江边的步道有好几个层次,散步的、跑步的、骑车的各行其道,中间还穿插着亲子园、花园、假山等等。如果不是在家禁足,我是很少到这些地方的。作为一个上海市民,我突然感到,在不知不觉中,身边的基础环境正越变越好。从 2015 年到 2019 年,上海的 PM2.5 年均浓度从 53 微克/立方米降到 35 微克/立方米,2019 年有 309 天环境空气质量指数达到优良。

令我很触动的还有一点,就是无论在河边还是江边,如此空旷的地方,见到的人们几乎全都严严实实戴着口罩,自己不想戴都不好意思。外地人常常说上海人“最服从管理”,服从是一个方面,对自己负责,不给彼此添麻烦,可能是更深层的原因。

微信公众号“上海圈子”曾有一篇刷屏的文章,《今天的上海让人热血沸腾》,说的是上海八家大商场共同参与“无人值守爱心站”

的活动，在商场里设置专门的位置，为外卖小哥和保安、保洁等免费提供"爱心餐食"，如咖啡、饮料、方便面、汉堡包、盒饭、点心、糖果，此外还有美妆产品、鞋服、消毒液、鲜花等等。这些东西都是商场、写字楼里的商家、白领，以及外国友人捐献的。在文章的留言部分，我看到了这样一些回应：

> "感谢这些热心的组织者让上海变得更加温暖，是否可以在这些小车上放一些干净、无破损的二手物品。一手的货品主要靠组织爱心商户参与，而二手物品，我们广大上海市民都能参与进来。"
>
> "上海，骨子里透着善良的上海。"
>
> "今天在太古汇看到爱心车了，看到快递小哥拿起喜茶把盖子扔掉插着吸管直接喝，有点心酸，这一定是他第一次喝……"
>
> "我们小区也发起了类似的活动，大家捐款给疫情期间坚守岗位的保洁、保安，给快递小哥买吃的，传递爱心！"

现代化国际化的时尚"魔都"，是上海的一面；而这些场景和回应，也是同样无比真实的上海。我对后者更为看重，因为我们身边那些最普通也最常见的服务人员，在这里得到了应有的尊重。没有他们，也不会有城市的太平。

从17年前抗击SARS到今天抗击新冠疫情，人口高密度的上海总是被视为病毒肆虐的"假想敌"。但上海始终让人放心。我想，从治理角度看，上海大概已经形成了一种"三高效应"，即高效率的政府和高素质的社会，共创高质量的治理。上海有着坚强和深厚的社会资本，帮助这座城市在危机面前，紧张而不慌乱，通过恰当的方式把巨大的压力一层层分解、化解。而贯穿于"三高"之间的，还是专业主义的能力和品格。

在过去很长时间，上海人都被视为"自我感觉良好"的象征。其实今天上海人的含义已经非常广阔，以至于很多有上海户籍的人也不知道谁才是"正宗上海人"。或者说，上海的"正宗"恰恰就是多元混合的不正宗。谁要说自己是"正宗"，反而会背离"海纳百川"的上海精神。但是，从对这座城市的向心力、自豪感来说，上海意识的确又是存在的。"爱城主义"（civicism），这是一种自自然然的融入，热爱与责任。上海尊重人民，敬畏人民，人民热爱上海，相信上海。

六

美国景顺集团（Invesco Ltd.）是一家世界领先的投资管理公司，1935 年成立，在全球管理的资产规模为 1.2 万亿美元。2020 年 2 月 25 日，景顺全资下属公司——景顺瑞和（上海）股权投资管理有限公司在上海虹口区注册成立。

我和景顺瑞和的董事公衍涛进行了电话交流。他说，景顺 2015 年、2016 年就想到上海做 QFLP，但听说上海对景顺投资非自营性的商业综合体、物流园区等有限制，景顺只能投资建总部，所以景顺去了深圳注册，这几年已在国内投资了 40 亿元的城市更新项目。

"最近我们明显感到上海的开放在加快。上海地方金融监管局和我们有很多沟通，效率非常高，非常务实，允许在一定的投资额度内（如两亿美元），不再对一个个具体项目进行审查。金融局还主动和外管局、市工商局、市商务委律师事务所等相关机构协调，帮我们落地。疫情期间，他们通过电子邮件、电话会议、微信等和我们沟通，所有资料申报都在网上完成。我们有三个董事，两个在香港，我在上海，香港的资料要邮过去再寄回来，一回来就报到市工商局，工商局的几位同志从家里赶到局里办理。第二天执照就出来了。"

我问公衍涛如何评价上海和深圳的投资环境，他说都很好，请客、送礼、吃饭是从来都不用的，都是电话、微信联系，顶多是见面沟通一下。上海的特点是门槛比较高，重视声誉、合规，但符合门槛后就很宽松，不再一事一议。从这点看，上海的效率更高。

在疫情这段日子里，管理资产规模 1.9 万亿美元的美国纽约梅隆（BNY Mellon），有 200 多年历史的英国施罗德（Schroders），全球最大的人力资源管理咨询和金融咨询机构美国美世投资（Mercer），欧洲著名的独立私人合伙制投资机构英国柏基投资（Baillie Gifford），纷纷落户上海。

这是上海国际金融中心建设的一个侧面，也是上海不断改善营商环境的一个侧面。以外资资产管理试点为例，上海的制度创新包括：拓宽试点企业范围；支持试点企业扩大投资领域；支持一个主体开展多项业务（不用再开展一项业务注册一个主体）；从原来的定期分批评议简化为申请人通过网上提交申报材料，"即申报、即受理、即评议"；等等。

像景顺瑞和这样的案例，在我看来，与其说是上海在抢抓复工复产、引进投资的机遇（金融局领导大年初二就上班了），不如说，这是上海自 2017 年年底以来,对标世界银行的营商环境标准,通过持续改革,从 1.0 版到 2.0 版再到 3.0 版步步升级,在整个经济环境的软实力上实现了跃升的结果。

上海不可能靠优惠政策比拼,不可能靠低要素成本竞争,只有靠优化营商环境。

七

2017 年 12 月,上海优化营商环境改革 1.0 版出台,提出了 56 项改革措施。

2019 年 2 月,营商环境改革 2.0 版在春节后首个工作日出台,提出了 88 项改革举措和建议。在 2019 年 10 月 23 日世界银行发布的《2020 年营商环境报告》中,中国总体排名比上年上升 15 位,名列第 31 位。中国的代表是上海(权重为 55%)和北京(权重为 45%)。上海在开办企业、获得电力、施工许可、跨境贸易、登记财产等以地方事权为主的评价指标中,办事环节平均压缩了 30.5%,办事时间平均压缩了 52.8%。

2020 年 2 月 19 日,营商环境改革 3.0 版方案出台,从全面打响"一网通办"政务服务品牌、打造更具国际竞争力的营商环境、加强保护和激发市场主体活力的制度供给三大方面,提出了 32 项改革任务。这些任务,基本上都有数字细节的要求:

全面推进开办企业"一表申请、一窗发放",开办企业实现 2 个环节 2 至 3 天完成;

针对 1 万平方米以下的社会投资产业类项目，实施线上线下"一站式中心"改革，涵盖工程规划、施工许可、监督检查、竣工验收、不动产登记、供排水接入等全过程事项，实现 5 个环节 24 天完成全过程审批服务；

全面优化电力公司内部流程，压缩低压项目办电时间，做到 2 个环节 10 天完成；

实施获得用气"310"服务，依托"一网通办"平台，进一步减少用户提交材料及办事环节，"最多 3 个环节、1 件材料、0 跑腿"；等等。

对标世界最高标准，"没有最好，只有更好；没有完成时，只有进行时"，正是这两年多来在营商环境方面的"死磕"，让上海在中国城市的激烈竞赛中交出了出色的答卷。上海靠的是更低的交易成本、更高的效率，以及对企业家精神的更充分认可与发扬。

我不想重复上海经济提质增效的诸多数据，让我感到欣喜的是这样的案例——

通过贸易便利化的试点，对鲜奶进口"快检快放＋外检内放"，新西兰自有牧场的鲜奶直达中国消费者的餐桌，从以前的 8 天缩短为 3 天。

为了应对特斯拉一期工厂的复杂施工和动态调整，上海采取了"容缺后补"的方法，即在重要的主体材料完整的情况下，允许一部分非主要材料后期补上。通过"容缺"，特斯拉工厂得以边施工、边审批，工程进度没有一天落下。

一家科技公司在宝山注册，高管中的 5 名董事及 1 名监事大部分为日籍，不在中国境内，无法在提出设立申请时提供身份证原件。宝山的市场监管局采用微信视频与拍照相结合的方式予以变通审核。网上预审、现场收件、现场审批,40分钟将营业执照制作完毕,下午4点前送到科技公司,一天也不耽误。

一位投资人要办理股权转让变更,在申请材料提交审核通过后,收到"办件已出证,待领取"的短信。他家住浦东,上班途经徐汇区行政服务中心,上午7时03分,他在24小时自助服务大厅的自助证照柜刷了一下身份证,仅用30秒便领取到了新的企业营业执照。徐汇区的24小时政务服务模式打破了时间束缚,让办事人想什么时候办就什么时候办。

我的欣喜在于,在效率驱动、创新驱动、服务驱动方面,上海在发力。这种精益化、内涵提升的努力,使上海商业运行的底层代码得到了优化和简明化,从而让整个经济和社会受益。这代表了未来的方向。

"一网通办"大大提升了上海服务的效率。但上海的领导并不满足,他们说,要优化再造部门内部和跨部门、跨层级、跨区域的业务流程、办事流程,逐步使企业、市民到政府办事"像网购一样方便"。的确,跟网购比,服务效率提升的潜力还很大。

我所看到的上海变化,让我意识到——

我生活在一座奉行专业主义的城市,一座有很高治理水平的城市,一座令人安心的城市,一座有纪律也有爱和温度的城市。上海的"高大上",不仅有天时地利的政策和资本助力,更有内生性的原因,那就是通过在社会资本、制度环境、居民素质等方面的日积月累,实现了城市和人民之间基于信任的良性互动。这才是这座城市最宝贵的资本。

我们今天生活于此的上海,是在全球化时代和中国复兴背景下，一个新的城市文明的样本。我们正在共同参与一座具有世界意义的城市的塑造。在中西荟萃、博采众长的文明交会点上，上海向着太平洋东岸的综合性世界城市的迈进，不是可能性的问题，是时间的问题。上海只争朝夕！

仁者爱人，城市爱民，人民也会从内心里，把自己的命运和城市的命运紧紧连接在一起。

这篇文章的题目是"再致上海——一座城市的全球领导力猜想"。我并没有给出全球领导力的定义，也没有具体展望未来上海的地位，只是从社会资本和制度优化的角度，记下这段日子里的一些感受和思考。而我最想和所有上海的朋友们分享的是：

如果我们要创造具有全球领导力的城市——这也是时代赋予我们这座城市的使命与责任——我们就要努力成为最好的城市公民，用专业的态度做好分内的事情，发挥创造力，释放"助人才能助己"的同理心，让城市成为我们每个人的命运共同体。

对未来上海的任何猜想，都取决于我们每个人今天的努力。

致深圳——回望 40 年最想说一句:"愿你继续创业创新 100 年!"

一

于深圳,我写过很多。

1998 年 3 月号的《南风窗》上这样写:

"深圳的美,是一种有活力的美,一种时刻充满变数与可能性的美。它恍如烟火,你看得到它凌空一飞的轨迹,但却无法猜到它绽开的是什么花朵——你永远不知道青春生命的下一步在哪里,你只能感到它在飞!"

2010 年 8 月 26 日在《第一财经日报》上这样写:

"深圳的风景让人喜欢,深圳的奇迹让人惊叹,但只有深圳的开放、包容与创新,才让人热爱。……用梦想凝聚,而不让怀疑扩散;

用创新牵引,而不让平庸主导;用未来激发现实,而不让现实锁定未来;用坚韧去开拓,而不让逃逸流行。"

2017 年在《深圳商报》上,2020 年 5 月在《无止之境——中国平安成长之路》新书发布会上,我都这样回答"深圳何以能量产伟大企业家":

从制度看,深圳是中国制度性交易成本最低的地方,又是从商品市场到要素市场先行先试的试验场;

从社会和文化看,深圳是移民文化最浓郁的地方,是人口结构较年轻的地方,是"靠自己永远不倒"的创业与自立文化深入人心的地方;

从自然条件看,深圳是改革开放之初中国离世界最近、得风气之先、贸易条件便利、最容易融入全球市场的地方;

从技术看,过去几十年全球经济的驱动力转向信息革命、知识经济,变化扑朔迷离,一切都是平的,哪个地方对旧经济、旧产业的路径依赖越轻,越容易走向未来。

写过说过这么多,再谈深圳,颇有"江郎才尽"之感。

但深圳特区 40 年,一个字不写,将是永远的遗憾。

于是我去了深圳,也有了一些新感受。

二

2020 年 8 月 22 日,在一个圆桌讨论上,我问深圳市政府研究室主任吴思康:"最近这些年,深圳的新一代企业家在全国的影响力没有过去那么大。美团、字节跳动、滴滴、拼多多这些'小巨人'一个也没有出现在深圳。从 2006 年大疆无人机创立后,深圳好像没有出过什么极具影响力的新企业。"

话一出口,有些后悔,因为只是一点感觉,可能很不准确。

我马上补充道:"也许深圳现在是'生态型创业',华为、腾讯、平安自己都裂变出了很多新业务、新公司,如华为终端、微信支付、平安好医生。腾讯出去的创业者也很多,像创立了乐信、4 年多时间就在纳斯达克上市的肖文杰。只不过在华为、腾讯、平安的映射下,新的企业家还不太知名。"

我关注深圳企业家近 30 年了。如果要我画一张改革开放后深圳企业家的路线图,我会从袁庚创立的蛇口工业园区、马福元创立的赛格集团、马志民创建的三大主题公园画起。

袁庚 70 年代末从香港到蛇口,筚路蓝缕,创立了中国第一个对外开放的工业园区蛇口工业园区(1979 年),这里诞生了中集集团(1980 年)、南玻集团(1984 年)、招商银行(1987 年)、平安保险(1988年)等一批市场化、现代化的优秀企业。在市场经济的新体制、新机制探索方面,蛇口工业园区创造了 20 多个"中国第一"。

马福元 1985 年 7 月从北京到深圳,成为深圳电子工业的主要奠基人。当年他 52 岁,是电子工业部党组成员、办公厅主任兼计算机管理局局长,应深圳市之邀,由电子工业部委派,到深圳负责整合部属、省属、市属等 100 多家中小电子企业,组建深圳电子集团公司,以此参与国家重大项目,并与国际大集团同台竞技。

当时有人反对说不能叫集团,"集团"是一个贬义词,如"反党集团""盗窃集团"。马福元说,集团就是"集中与团结"的意思。有人说，这样搞集团是"拉郎配"，马福元说"自愿加入，自由退出"，尊重企业的自主选择权。

1988年1月，深圳电子集团公司更名为赛格电子集团，取"赛国格、赛人格、赛品格、赛风格"之意。赛格旗下一度拥有桑达、华强、康佳、宝华等100多家电子企业，也投资过赛格日立（彩色显像管）、中康玻璃（彩管配套玻壳）、深爱半导体（大功率晶体管）和超大规模集成电路等骨干项目。

1988年3月28日，马福元筹划的全国第一家专门销售国内外电子元器件、组织生产资料配套供应的深圳电子配套市场（赛格电子市场）在华强北开业，160多家内地厂商和10家港商以自营自销、联营代销的方式经营。顾客在此可以买到急需的元器件，可以了解高新技术产品的发展动态，产供销三方直接碰头。

这是中国电子产业发展史上不可不写的一笔：在这之前，很多电子元器件都按计划统一分配，像粮票一样，要跑北京找关系才能弄到；这之后，元器件的市场化配置开始了，全国各地的采购商蜂拥而至，华强北一步步发展为中国电子信息产品最重要的集散地，成为"中国电子第一街"。90年代初，深圳市有领导在评价此地对产业的影响时说："赛格春节关门，全国配件就会涨价。"

在改革风雷激荡的80年代，深圳因为是特区，毗邻香港，所以内地在香港的几家窗口企业，如港中旅（香港中国旅行社，1986年2月变更为香港中旅集团）、招商局、华润，对深圳的发展卓有贡献。马志民当时是港中旅的副董事长兼总经理。

1985年秋，国务院批准由港中旅投资开发占地4.8平方千米的深圳华侨城，马志民兼任华侨城建设指挥部主任、华侨城公司总经理。这位没有学过一天设计的企业家,以"让世界了解中国"的理念,先后创建了"锦绣中华""中国民俗文化村"和"世界之窗",被誉为"华侨城的总设计师""中国现代主题公园之父"。

在七八十年代,政府对旅游的态度还是"不鼓励,不提倡",旅游业不是独立产业,旅游管理机构是隶属于外事接待部门的事业单位。华侨城的定位是以工业为主,不敢直接提出"旅游"。1985年,马志民到欧洲考察,在荷兰马德罗丹(Madurodam)看到"小人国",产生了把中华五千年文明和丰富旅游资源微缩在一个公园里,让中外游客"一日看尽千年华夏"的创意。1987年,全国首创的"锦绣中华"动工,两年完工,1亿元的投资在开业当年就全部收回。

有一位外宾给马志民写信提醒厕所问题,说"你们的厕所如果还是这样的话,仍然是不会得到世界的尊敬的"。这让马志民耿耿于怀,一定要将厕所彻底改观。最具代表性的是"锦绣中华"的孔庙洗手间,洗手间管理员会面带微笑地为游客递手纸、拧水龙头、喷香皂液,甚至为游客梳头、擦皮鞋,被游客誉为"锦绣中华第81景"。

开业之初,"锦绣中华"的地上留下大量垃圾杂物,对随手乱扔的游客,工作人员不是责备训斥,而是加大清洁的力度,不管你扔什么,清洁工立刻跟上清扫。游客不好意思,就开始找垃圾桶了。

马志民先生于2006年逝世,享年74岁。他最早意识到"文化就是明天的经济",他让深圳这片经济热土从一开始就带有"文化绿洲"的气息。

马福元先生于2015年逝世,享年84岁。他到深圳那一年,华强北街还只是上步工业区的一条厂区马路。今天,深圳早已拥有了世界级的高效、完整的电子制造产业链。

袁庚先生于 2016 年逝世，享年 99 岁。1979 年他开创蛇口工业区时，整个深圳的户籍人口为 7.62 万，到年底，全部常住人口也只有 31 万多。而今天，深圳的常住人口在 1343.88 万左右，包括流动人口在内，深圳已是有近 2000 万人的现代化大都市。

三

从袁庚的"招商局部落"、马福元的"电子信息方阵"、马志民的"三大主题公园"画起，接着我会画上："一任""一郭""二徐""华工三剑客""二汪""三马""四王"。

"一任"：1987 年创立华为的任正非；

"一郭"：1988 年在宝安西乡一处厂房做电脑接插件来料加工的郭台铭；

"二徐"：1991 年创立迈瑞医疗的徐航，1993 年创立金蝶软件的徐少春；

"华工三剑客"：毕业于华南理工大学无线电系 1978 级的同学李东生、黄宏生、陈伟荣，他们的名字和 TCL、华星光电、创维、康佳连在一起；

"二汪"：1999 年创立华大基因的汪建，2006 年创建大疆的"80后"汪滔；

"三马"：1988 年创立平安的马明哲，1999 年到 2013 年担任招商银行行长的马蔚华，1998 年 11 月创办腾讯的马化腾；

"四王"：1984 年创立万科的王石，1995 年创立比亚迪的王传福，2002年把顺丰总部迁到深圳、从此阳光灿烂的王卫，2004年创立立讯精密的王来春。

有一些风云人物最终和深圳擦肩而过，但深圳肯定是他们创业之路上永不磨灭的记忆。

求伯君，这位天才的程序员，1988年5月到1989年9月把自己关在深圳蔡屋围酒店的房间，夜以继日地写代码，其间肝炎复发三次，甚至把电脑搬到病房，终于写出了12.2万行的WPS1.0，创出中国软件史上的一个里程碑式作品。

史玉柱，1989年1月毕业于深圳大学研究生院，下海创业，推出桌面中文电脑软件M-6401，1991年创立巨人公司。

还有的企业家并非在深圳开始创业，但最终他们回到了深圳。

许家印，1992年从河南舞阳钢铁公司离职，到深圳寻找机会，找了几个月，加入了一家叫中达的国企。1994年到广州开发房地产项目。1997年2月创立自己的企业恒大。2017年8月，恒大总部从广州迁往深圳。

聂云宸，"90后"创业者，2012年5月12日在广东江门九中街开了第一间茶饮店，这就是喜茶。没几年，喜茶就把总部设在了深圳。

我肯定遗漏了很多。我画这张脉络图谱，只是想表达某种价值判断，即企业家应该是生产性创新的推动者。

我和上述提到的大多数企业家都有过思想交流。遗憾的是，没有见过袁庚、马福元、马志民三位先生。

在我心中，从经济角度来说，他们三位是深圳的体制机制创新、制造与市场、文化的最初奠基人。我深深地怀念他们。

四

现在回到 8 月 22 日的圆桌讨论。

对于我的"深圳新一代企业家何时能再出现'三马'"的问题，吴思康回应说："你的问题其实挺尖锐，就是说深圳是不是没有那么创新了？我给你一个数字吧。到今年 6 月底，深圳的商事主体已经达到 339.1 万家，深圳每千人拥有商事主体 253.4 户，或者说每 4 个人就有一个商事主体，这样的创业密度在全国是最高的。别的城市怎么样，你可以去算一算。"（注：商事主体包括企业、个体工商户、农民专业合作社；创业密度的计算公式为商事主体数量/常住人口数量。）

我查找了相关数据，深圳的商事主体主要是中小企业，到 2020 年 6 月底共有 215.2 万家，占全部商事主体的 63.4%，占全部企业总量的 99.9%。深圳每千人拥有企业 159 户，相当于不到 7 个人就有一户企业。2020 年第一季度，在疫情严重的情况下，深圳每天登记的中小企业平均仍有 680 家。

下面，我们将深圳和北上广及创业的热门城市杭州对比一下。（注：各城市常住人口均为 2019 年年末数据。）

北京（常住人口 2153.6 万）：到 2019 年 12 月底，北京市市场主体存续为 208.88 万户（含内资非私营企业、私营企业、外资企业、个体工商户、农民专营合作社），1—12 月新设市场主体 21.24 万户。

上海（常住人口 2428.14 万）：截至 2020 年 3 月底，上海共有市场主体 274.35 万户。

广州(常住人口 1530.59 万):截至 2019 年 12 月底,广州实有各类市场主体 232.91 万户,其中企业 127.71 万户,个体工商户 105.06 万户,农民专业合作社 1400 户。按 2018 年市统计局公布的常住人口数计算,全市每千人拥有市场主体 156 户,每千人拥有企业 85 户。

杭州(常住人口 1036 万):到 2019 年 6 月底,共有市场主体 121.4 万户。

大体来说,按照每千人拥有的市场主体数量来看,深圳为 253,广州为 156,杭州为 117,上海为 113,北京为 97。深圳的创业密度遥遥领先。考虑到深圳的面积不到 2000 平方千米,即使包含最近发布的深汕特别合作区,也不过 2465.77 平方千米,远远少于北上广杭,因此可以推断,深圳的空气里有着中国最高的创业浓度。

由于各个地方的产业特征不同、所有制形态不同,我们并不能简单得出一个结论:深圳的创业环境比北上广杭优越。每一座城市都有自己的优势产业,其创业成功率可能比在其他城市更高。但就整个创业环境的市场化、民营化,以及个体对创业的参与意愿来说,深圳无疑走在了前边。

原因很简单,深圳在改革开放之初是一个只有 3 万人的小镇,没有什么基础。深圳要发展,只能靠更有激励性的政策(后来是更有激励性的体制、机制和文化),让全天下敢试敢闯的人到这里来创业。由此天然形成了更具分布式,更加市场化、个人化,更为包容,市场主体之间也更加平等的气氛和文化。

深圳的知名企业基本上都是当初籍籍无名的创业者创出来的。

和北上广相比，深圳的世界 500 强中的民企比例最高，企业家色彩最浓。

我在深圳听到的故事都是类似这样的：

十几年前，深圳曾有部门规划要搞"十大百亿集团"，重点扶持十家企业。但这些巨头后来基本都不行了，甚至不见了。深圳的好企业大部分都是从"游击队"开始的，他们最懂市场，最适应市场，最早面对国际市场。

深圳有不少年销售额过百亿元的企业家，一个市领导都不认识。

深圳的 A 股上市公司到 2020 年 8 月为止在 315 家左右，仅次于首都北京的上市公司数量。这些上市公司中，民企占 2/3 左右，这一比例高出北京和上海不少。光一个南山科技园，就有 8000 家注册企业，近 1500 家高新技术企业，100 多家境内外上市公司。2020 年深圳的重大项目，社会投资约占 69％。

2019 年深圳每万人口的发明专利拥有量（106.3 件）为全国均值的 8 倍，PCT（专利合作条约）国际专利申请量为 17459 件，连续 16 年居全国首位。

源自民间、源于每个人心里深处的创业热情和创造力，是效率最高的经济力量。

五

谢谢深圳特区的 40 年。

"办一个特区。过去陕甘宁边区就是特区嘛！中央没有钱，你们自己去搞，杀出一条血路来。"这是改革开放的总设计师说的。当时的听众，一个是广东省委第一书记习仲勋，一个是省委书记王全国。

深圳用自己的实践证明了改革开放这场伟大探索的价值，必将光耀中华民族复兴的史册。

当我离开深圳，我问自己：如果中国没有特区，特区不在深圳，中国的社会主义市场经济会有今天吗？我自答：不会，起码不会像今天这样让世人瞩目。

那个已经被全球唯一的超级大国打压了两年、"必欲除之而后快"的中国企业，就是在深圳这块土地上长出的。1987年年底，它创办时的注册资本不过2.8万元。那年2月，深圳在全国发布了首个鼓励科技人员兴办科技企业的文件，直接催生了任正非的创业热情，自此一发而不可收。

形势催人强，好制度助人强。

今天，如同华为遭遇的挑战，中国也面临各种压力。但纵有千难万难，只要不沉溺于过去，不止步于探索，只要创业创新的精神和意志在，中国经济就还有下一个辉煌40年。

如特区精神能天下传扬，则中华民族之复兴近在眼前。

在经济世界里，哪里有最适合创业者、创新者发展的空间，哪里就是最美的地方。

顺丰的王卫在接受《南方日报》采访时曾说，来深圳的人会有一种不一样的朝气，年轻人来到这片全新的土地，就是闯，就是干事业，"当时觉得深圳的整个天空特别蓝"。

张春山，这位 1997 年大学毕业就从哈尔滨直奔深圳、今天已是一家公司董事长的创业者说，"在深圳，冬天睡在马路上都不会冻死人"。那年他到深圳，母亲总觉不放心，认为还是在政府部门更靠谱，他跑到街头通过公用电话宽慰母亲，说出了这句话。

在一个尊重价值创造、不歧视、通过市场实现供求匹配的环境中，创业者真的"冻不死"。

机会、公平、法治，就是他们最大的温暖。

我们的国家，太需要实干兴邦、创业创新了。40 年远远不够。

所以我真心对深圳说一句："愿你继续创业创新 100 年！"

第二章
领跑者们的姿态

每一种成功都有相通的逻辑，
也有不一样的滋味。

中国第一"园"是怎样造就的?

> 吾苏也,郡甲天下之郡,学甲天下之学,人才甲天下之人才,伟哉!
>
> ——(明)徐有贞《苏郡儒学兴修记》

中国增长的"秘密武器"

我们这个国家,从 1978 年到 2020 年,42 年间,面积并无增加,人口增长不到一半(9.6 亿到 14 亿),经济总量则从 3679 亿元增长到 100 万亿元左右。

一样的天,一样的地,却迸射出了石破天惊的新能量,这是从哪里冒出来的?

中国的增长模式,被很多人称为"增量改革模式"。

增量改革是需要新的载体的。因为你很难在原有的坛坛罐罐里大胆地改。一是担心风险，担心对存量冲击过大；二是原来的框架和资源配置，主要是政府在起作用，体制、机制和思维相对固化，无法有效支持市场化的新探索。

既要稳定，又要创新，中国的创造性解决之道，是在传统计划经济色彩较浓的区域之外，创设一批新型的空间载体，以鼓励增量的改革。

这种载体就是园区，包括特区、开发区、新区、保税区、自贸区等等。

1979 年年初，国务院批准香港招商局在广东宝安建立工业区。蛇口工业区起步，是为园区经济之始。

尽管中国的园区基本都是从荒滩野岭起步的，但一张白纸，好画新的图画。它们迅速崛起，出人意料地造就出一个新的经济中国。

当园区长出万千生机，新的体制机制基本成型，就可以在更大范围推广，由点到面，迭代更新，带动整个中国经济呈螺旋式向上超越。

蔚为大观的中国园区，有着多个类型和多个层次，仅在国家一级层面，就有 7 个经济特区（深圳、珠海、厦门、汕头、海南、喀什、霍尔果斯），19 个新区（1992 年设立的浦东新区为第一个，2017 年设立的河北雄安新区为第 19 个），219 个经济技术开发区（1984 年成立的大连经开区为第一个），169 个国家高新区（1988 年建立的北京新技术产业开发试验区即中关村为第一个），21 个自贸试验区（2013 年设立的上海自贸区为第一个）。

这些园区、城市,在中国经济建设、体制改革、对外开放和创新引领中扮演着关键角色。

2018 年,国家经开区实现的 GDP 和出口额分别占全国的 11% 和 20.4%。

2019 年,国家高新区实现的 GDP 和税收分别占全国的 12.3% 和 11.8%,高新区的企业研发支出占全国企业的 50%,国家高新企业数量和科技型中小企业数量分别占全国的 35.9% 和 33.6%,科创板的高新区企业占比高达 75.7%……

一部改革开放经济史,就是一部园区发展创新史。

在这里,赶超型政府的有为,市场化机制的有效,以及区域间的竞争推动,浑然一体。

园区是中国增长真正的"秘密武器",也是高质量发展和创新引领的最前沿。

谁是中国第一园区?

在国家层面,对特区和新区并没有排名。但社会普遍认为,深圳为中国特区之冠,浦东为中国新区之冠。

在国家经开区、国家高新区层面,每年分别由商务部投资促进事务局和科技部火炬中心组织评比。

经开区的评比包括产业基础、科技创新、区域带动、生态环保、行政效能五个方面的 53 个指标。高新区的评比包括四大模块 40 个统计指标,四大模块是:知识创造和技术创新能力、产业升级和结构优化能力、国际化和参与全球竞争能力、可持续发展能力。

放眼中国，谁是第一园区？

商务部从 2016 年开始组织开展国家级经开区的综合发展水平考核评价，中国-新加坡合作苏州工业园区（Suzhou Industrial Park，SIP）包揽了"四连冠"。

高新区评比结果不公开，以书面方式通知各园区。综合各园区的宣传，2019 年的前五名是：北京中关村、深圳高新区、上海张江、武汉东湖、苏州工业园区。它们也都是科技部"建设世界一流高科技园区"的成员（共 10 家）。

经开区之冠，高新区第一梯队，江苏自贸区半壁江山（江苏自贸区实施范围为 119.97 平方千米，位于苏州工业园区的苏州自贸片区为 60.15 平方千米），国与国政府间合作的旗舰项目（中国与新加坡）……这一切使得苏州工业园区在中国众多园区中独树一帜，成为最闪亮的名片之一。

苏州工业园区位于苏州城东，1994 年 2 月经国务院批准设立，同年 5 月实施启动。行政区划面积为 278 平方千米（其中中新合作区为 80 平方千米），常住人口 81.3 万，2019 年实现地区生产总值 2743 亿元，公共财政预算收入 370 亿元，进出口总额 871 亿美元，城镇居民人均可支配收入超过 7.7 万元。

无论是透过园区看经济，看产业，看社会，看政府运作，苏州工业园区都有着宝贵的标本意义与标杆价值。

"第一"的奥秘之一：高起点的长期主义

1998 年、1999 年夏天，苏州连降暴雨，水位突然升高，不少地方遭遇水淹，全市只有苏州工业园区安然无恙。

苏州工业园区为何成为例外？

在园区开发之前，这里基本是低洼的农田，小溪和鱼塘随处可见，勘测土地时甚至要乘小船。园区的基础设施开发主体是苏州和新加坡合资的中新集团，他们要直面雨季的洪水侵蚀问题，这是建工厂的一大隐患。

新方股东提出，应该将中新合作区的地势抬高。

中方认为，这么做耗费时间太长，成本过高。从园区 30 千米外开采取土、运输填土，每平方米的平基成本要高 1 美元以上，工业用地成本会大增，会削弱与附近开发区在招商时的竞争力。他们倾向于采用修筑坝堤、安装水泵的办法。

经过研究协商，双方最后达成一致：在非工业的区域，因洪灾后的清理成本较低，修筑坝堤、安装水泵是可行的；但在工业园区的厂房内，一套机械设备动辄耗资数百万美元，如被水淹，工厂就会停产，设备修复和翻新也需要时间。虽然填土抬高地势会增加成本，但也会大大降低潜在的洪涝风险，从而增强投资者的信心。双方参照苏州历史水文资料中记录的最高水位，将园区地势抬高了 95 厘米，抬到承受百年一遇洪水的高度。

从 1994 年首期填土开始，300 多辆 7 吨卡车日夜奔忙，苏州老城尘土飞扬。拉土的车牌是黄色的，车身是黄色的，土是黄色的，老百姓说"苏州现在不得了，满城都是'三黄鸡'"。与此同时，园区的河道疏浚、流渠拓宽也逐步展开。到 1997 年年底，中新合作区累计平整土地 69 平方千米，并在之后两年经受住了洪灾考验。

整个苏州工业园区的规划建设，都秉承了高起点的长期主义。顶层设计，长远考虑，系统规划，分步实施，绝不偏离。1994 年编制园区总体规划时设计师手绘的金鸡湖远景图，和园区建成后实景图的相似度高达 90%，完全摒弃了"边开发边规划""先开发后补规划""领导一换就调规划"的做法。

园区遵循"先规划后建设，先地下后地上"等原则，"需求未到，基础设施先行"，适度超前建设重要的基础设施，大规模集中建设"九通一平"，即对园区的市政道路、供电线路架、供水管网、燃气管网、供热管网、排水管网、排污管网、电信管网、有线电视光缆铺设同步建设，而非只顾眼前，先建再说，建到哪儿算哪儿，后续再像拉拉链一样"开膛破肚"，缝缝补补。

今天在园区漫步，空中没有纷乱的电线，马路没有反复开挖的情景，道路中间是整齐的绿化隔离带，行人道特别宽阔，大片草坪触目可见。工业、住宅、商贸、科教等各个功能区有序布局，像阳澄湖、金鸡湖、独墅湖，分别被戏称为"养生湖"、"经济湖"和"读书湖"，就是周围分别是健康养生区、CBD 区和科教园区的缘故。

所有这些，都是多年前就规划好的。当时的总体规划耗资 3000 万元，今天看却是异常值得。大到每片用地的性质，小到每条马路的宽度，乃至一个个邻里中心、一盏盏路灯的设点，规划图中都一清二楚。在公共区域，从建筑的材质到树木的品种、大小，甚至一个垃圾桶的位置,设计中都有详细指标要求,且一一反映在作为"城市大脑"的规划地理信息平台上。

一次就规划好,建设好,这种长期主义基因植入了园区的方方面面。例如,园区一开始就采用雨污分流、供排一体的系统,雨水有专门排污管,工业废水和居民污水通过独立的废水管道收集到污水厂集中处理。在园区启动阶段每日废水排放量只有几千立方米时,污水处理厂一期工程就设定为每日处理 10 万立方米,总规模设定为每日处理 50 万立方米。

不过,苏州工业园区的"超前",都经过了精确计算,超前是适度的。

比如建设区域尽可能靠近苏州主城区,首期开发区最接近主城区,便于依托主城,降低基础设施建设成本、提升建设速度。

又如园区统一规划,建设则遵循"先工业、再住宅、后商业"的次序,首先建设可以灵活组合的"现成厂房",并提供完整配套设施,让投资者可以迅速开始生产。1995 年年底完工的"现成厂房"即可为投资者提供 9.5 万平方米的工业楼面空间。

再如,工业区的道路规划要足够宽,路网要足够密,才能方便设备、机器、原材料及产品的运输,但车道数量并未一步到位,一些道路在建设初期只建两条车道,同时预留充足土地,以备未来所需。

最后,虽然园区强调"一张蓝图绘到底",但也会"一年一检讨、五年一修编",在总体规划不变的基础上,按照产业发展情况对一些细节进行调整。

"第一"的奥秘之二：高能级的服务创新

坚持高起点的长期主义、高标准的"九通一平"，投资很大，工业用地成本也因此提高，有时比周围的工业园区高 50％，这给招商引资带来了一定困难。

怎么办？除了充分运用中央给予的项目审批权下放等政策优势外，更要用高能级的服务为投资者创出更高价值。不是简单拼价格，而是拼价值创新。

一是明确定位，不是"捡到篮子都是菜"，而是选择合适的产业。

在早期，园区主要选择资本密集型的高端制造业作为招商对象，重点是附加值高的液晶显示和集成电路产业，以及汽车、航空零配件等精密机械产业。这类行业和企业占地较少，投资者更愿意为优质的基础设施、可靠的运营环境及高效的行政服务支付额外费用。它们作为"龙头"，也能吸引上下游企业的集聚。

随着产业变迁与技术变化，苏州工业园区逐步形成了"2＋3"的产业体系，"2"是新一代信息技术、高端装备制造，"3"是生物医药、纳米技术应用和人工智能。同时，园区也在努力推动现代服务业的高质提升。

二是联合招商，专业招商，以诚感商。

园区一开始就放弃了"全民招商"或"每个部门下指标"的人海战术，而是中新联合招商，借助新方的国际化招商经验和网络，奠定招商基础。1994 年 4 月，时任新加坡总理吴作栋访问欧洲，在德国和英国的大型招商会向跨国公司重点介绍苏州工业园区。此后双方精心制作了中、英、德、日四种语言的录像带、幻灯片、投影资料、投资指南,优选高层次、专业化、复合型人才,有的放矢,专业招商。

1995 年 8 月,时任新加坡内阁资政的李光耀要求新加坡经济发展局把为苏州工业园区招商列为首要任务,派驻 7 人直接协助中新集团招商,园区也派出多批次人才到新加坡学习,培训科目涵盖投资促进、客户服务、外商投资管理、商业谈判等等。园区还专门建立了职业技术学院(IVT),促进校企合作,为企业培养人才。

三是以客户需求为导向,在改善营商环境、创新服务体系上不断实现超越。

从 1.0 阶段的"变管理为服务",到 2.0 阶段的"帮助企业全链条解决问题",再到 3.0 阶段的"构建'六个一'特色产业创新生态"(围绕一个特色产业,制定一个产业规划,建设一个功能区,组建一家国资公司,设立一只发展基金,成立一个专业服务机构),苏州工业园区的亲商环境不断迭代。

说到 1.0 阶段的服务,1994 年 12 月入驻园区的第一家外企三星电子(苏州)半导体有限公司很有感触。当时注册一家公司非常复杂,从申请到投产"快则多少天,慢则多少年"。而园区率先提出服务承诺制,对审批周期明确天数要求,如当时办理一张外国人就业工作许可证为 15 天。1995 年园区对落户企业开展窗口式集中服务,1999 年设立了一站式服务大厅。三星对园区的服务很满意,后来在这里投资设立了十几家企业。

再来看一下 2.0 阶段。园区很多企业是外向型企业,对物流速度很敏感,特别是 IT 企业。而苏州没有口岸功能,空港、海港在上海,零部件进口、产品出口经上海通关要好几天时间。园区经过多方努力,建立了"苏州虚拟空港"(SZV),零部件进口只要将目的地填上 SZV,到浦东机场就可直转到海关监管专用仓库,几分钟完成清关、提货,装车运到园区办理通关手续。企业的产品出口,只要在园区办完手续,到上海直接放行。此后园区又建立了"虚拟海港",企业在苏州工业园区综合保税区完成所有流程和手续后,直接发往太仓港等海港,无缝对接。

今天看这些例子已不新鲜,但在十几二十年前,乃是很大的服务突破。

客户总有新的需求,服务创新永无止境。

飞利浦医疗(苏州)有限公司将生产的产品出口到国外,有时会面临维修问题,要将某些部件再进到国内。由于担心进来后再销售,有关部门不允许出口后再进口。园区帮助飞利浦和多个部门沟通,邀请他们参观整个生产过程、各部件的数字化标识、出现维修情况的闭环控制体系,最终获得认可,2018 年,海关甚至为此修改了原来的监管程序。

2020 年,苏州自贸片区出台了"进口研发(测试)用未注册医疗器械分级管理"的政策,区内医疗科技企业可以申请用一般贸易方式,进口研发(测试)用的未注册医疗器械或零部件(非诊断试剂),否则它们的产品开发和上市可能遥遥无期。

到了 3.0 阶段,除了帮企业解决各种具体问题,苏州工业园区已经有能力和条件培养特色产业创新生态,从"响应式服务一个企业"到"战略性孵化一个产业",进入了育商兴商的新阶段。

如为了发展纳米技术应用产业,园区落地了第三代半导体技术研究院等重大项目,2010 年就设立了服务型的国有公司——苏州纳米科技发展有限公司,全面推进纳米城建设与服务,其旗下的微纳制造公司负责建设和运营 MEMS(微纳机电)中试平台,填补了研发机构与规模代工厂之间的空白,满足了相关中小企业的工艺研发和小批量生产需求。

又如 2007 年开园的苏州生物医药产业园(BioBAY),作为孵化和发展生物医药产业的载体,经十余年深耕,已聚集了 430 多家生物医药高科技创新企业和近 1.5 万名高层次科技人才,形成了创新药研发、高端医疗器械、生物技术三大重点产业集群,以及从早期药物研发到后期产业化的完整产业链。

BioBAY 引入了多家行业内知名孵化器,其全资子公司"百拓生物"建设了众创空间;BioBAY 从 2012 年起就作为有限合伙人参股通和毓承、泰福资本、礼来亚洲、美敦力-红杉中国基金等知名风投机构,投资项目超过 300 个,参与发起新建元生物基金(元生创投)、聚明创投等关注中早期创业项目的产业基金,已投资 90 多个创新项目;BioBAY 还搭建了覆盖早期研发、技术合作、投融资对接等完善的高端会议生态链,2010 年就引进了世界著名生物技术研究机构美国冷泉港实验室的系列学术会议。冷泉港实验室成立于 1890 年,DNA 双螺旋结构的发现者之一詹姆斯·沃森(James Watson)曾在这里担任主席达 35 年之久。从 2010 年起,有 14 位诺贝尔奖得主在苏州工业园区的冷泉港亚洲会议中心发表演讲,其中 9 位在获奖前就在此分享过学术成果。

近年来,园区相继引进中科院药物所苏州研究院、中国医科院苏州系统医学研究所等研究平台,并建立了苏桥生物药中试平台、医学检验实验室公共平台、生物材料国际物流平台、生物药制剂及包材平台等公共技术平台。

有了金刚钻，敢揽瓷器活。在信达生物创建之初，BioBAY 斥资数亿元协助其代建了全国规模最大、标准最高的生物药产业化基地，在信达步入正轨后再回购这笔项目资产。类似这样的园区培育和企业成长的双赢案例还有很多。

正是通过持续的全链条、平台化、生态化建设，多年前连一个一类新药都没有的苏州，现在已成为和上海张江同列的中国新药研发最为活跃的地区。在新药研发领域，园区企业累计已获得临床试验批件 196 张，包括 130 张一类新药临床批件。2020 年上半年新增的 17 个品种 29 张临床批件，全部为一类新药的临床批件。

"第一"的奥秘之三：高质量的综合环境

今天的苏州工业园区，通过"互联网＋政务"体系，推进不见面审批，500 项业务可以在网上办理；通过放管服改革，开办企业在 2 个工作日内完成，不动产登记在 3 个工作日内完成，工业建设项目施工许可在 33 个工作日内完成；在"小政府、大社会"管理体制下，一个部门管审批，一支队伍管执法，一个部门管市场，一个平台管信用，一张网络管服务，有效提升了政府的行政效能。

在新冠疫情严重、社会被迫阻断的日子里，为保持政企关系畅通，园区制作了"热力图"，将所有政府部门的具体联络人和联系方式标注在图上，企业如有问题，只要点击，就能"屏对屏"进行沟通，确保不影响运作。

和传统理解的"工业区"完全不同,苏州工业园区是像公园一样美丽而幸福的生态新城,是全方位开放高地、国际化创新高地、高端化产业高地、现代化治理高地的"四位一体"发展模式。

用"脚"为苏州工业园区投票的,有 130 多个世界 500 强企业的投资项目,有院士领衔的 45 个创新创业团队,有国家重点人才计划 158 人、江苏省"双创"人才 208 人、海外归国人员 6000 多人,园区的大专以上人才总量达到 38 万人。其中入选国家、省、市三级重点人才项目的科技人才数持续保持全国开发区第一。

人才是第一资源,为什么这么多人才汇聚这里? 一言以蔽之,这里已经形成了高质量的综合环境,宜业又宜居。

在开拓药业,我听到的故事是:2008 年,在美国求学和工作近 20 年的童友之博士决定回国创业,参加了 BioBAY 举行的第一届 ChinaBio 创业投资论坛,在图书馆一个小房间里路演,谈新药研发项目。评委将他的项目评为一等奖,他也顺利落户到了 BioBAY。一开始,他曾想把研发成果卖给国际大公司,但中国的新药研发政策不断改进,园区各方面的激励政策与完善服务让人欲罢不能,于是他走上了全产业链的发展之路。2020 年 5 月,开拓药业在香港主板上市。

和童友之类似,苏州慧闻纳米科技公司的创始人孙旭辉也是在国外多年的科学家,2010 年受老师、中国科学院院士李述汤感召,到苏州工业园区参与创立苏州大学纳米科学技术学院,2014 年又受到产学研相结合的政策鼓舞开始创业,从事智能传感器的研发和生产,同时提供人工嗅觉的解决方案。

人创造环境，环境也创造人。很多人到了园区，不知不觉就想创业，且能做大做强。

无论在历史悠久、全球唯一的可罐装颗粒的无菌纸包装系统供应商——瑞士康美包，还是在创业不久的自动驾驶前装系统解决方案提供商——知行科技，他们都告诉我，苏州工业园区的根本优势是人才。

康美包投资 14 亿元，正在建设亚太三厂，设备都是进口的，需要近 200 个外国工程和技术人员前来安装。新冠疫情暴发后，他们来不了，安装调试要自己干。园区相关部门特别是工程部门很配合，"老外也有电话和视频指导，但真正在一线做事的还是中国人，最后一天也没有延迟工期。最主要的原因是，多年来我们培养了大批的人，他们绝大多数不是苏州人，但都在这里成了'新苏州人'，有的在我们企业，有的流到别的企业，需要的时候，只要人在，一切都好办"。

知行科技的团队是从园区一家世界 500 强企业出来的，公司创始人说，园区的外企为培养人才做出了很大贡献，形成了"外溢效应"，一些从外企出来的人创业后也会和外企进行合作。

大禹网络是国内最大的 MCN（Muti-Channel Network，多频道网络）机构之一，成功打造出@一禅小和尚、@野食小哥、@拜托啦学妹等红人 IP，全网粉丝有 8 亿。大禹的创始人旷峰是 2014 年从北京到苏州创业的，来时不到 10 个人，现在有 900 人，2019 年实现了 1 个亿的利润。旷峰说："我有个同学在苏州，我就到这边看看，结果被园区的桂花香和环境迷住了，就留了下来。"

BioBAY 的市场部总监陈菲说，他们的第一宗旨就是服务于创业者。"园区企业家有健身需求，我们就建立 BioGYM 健身中心；有在咖啡馆谈工作的需求，就把星巴克引进来；海归人员的孩子要在哪里上学？园区建了一所海归人才子女学校。园区还有数十所大学、研究院……"

我在园区走访了 10 家左右企业，这些企业的创始人都不是苏州本地人，而是从外地、外国到园区投资创业的。我想这就是"远者来，近者悦"的环境吸引力。

高质量的综合环境，是经济的，也是社会的和文化的。园区借鉴新加坡的社区服务概念，打造了许多邻里中心，集便民服务、民众联络、社区卫生站、商业、文化、体育、卫生、教育等功能于一体。我专门去看了景城邻里中心，发现各种服务极为便利，市民络绎不绝。

在金鸡湖畔，月牙形的苏州文化艺术中心引人注目，聚集了大剧院、音乐厅，还有苏州芭蕾舞团、交响乐团，园区的外籍人口有大约 3 万，他们特别喜欢看芭蕾舞团和交响乐团表演。园区还打造了苏州奥林匹克体育中心、金鸡湖美术馆、独墅湖图书馆等设施，区、街、社区三级文化服务网络相当完善。

园区的多元治理也有声有色，建立了社工委、社区工作站和社区居委会三级管理服务体系，到 2018 年年底，有职业社工近 800 人，社会组织近千个，形成"社工带义工，义工助社工"的融合格局。为实现社情民意畅通，园区在新加坡"议员接待日"的基础上，将每个月的第二个星期日设为"社情民意联系日"，园区工委、管委会领导和各局办主要负责人到社区，听取民意，解决民忧，并严格落实信息流转、限期答复、跟踪评价等机制。

有了高质量、高协同的综合环境，苏州工业园区的竞争优势也变得更加深厚。

以人为本，和谐共生，正是这座园区与城市的真正魅力所在。

为什么是苏州？

为什么苏州工业园区在中国园区中独占鳌头？

为什么苏州工业园区从一开始就走上了高起点、高能级、高质量的发展道路，且 26 年如一日精雕细刻，从不懈怠？

最重要的是生而不凡的愿景。苏州工业园区源于中国领导人的殷切希望，即借鉴新加坡的发展模式，推动中国的改革开放和现代化；同时它也被寄予了新加坡的希望，即在区域经济一体化进程中"走出国门，扩大外翼"。为此，中国真诚向新加坡打开大门，新加坡真心向中国分享先进"软件"。双方建立了高层次的合作机制，不是简单搞工业区招商引资，更是希望建立一个有中国特色又有新加坡经验的开放与发展平台，一个产城融合的现代化国际化创新试验区。这一伟大愿景激励着一代代园区人，取法乎上，自加压力，永不满足。

2020 年是中国和新加坡建交 30 周年。10 月 3 日，两国领导人互致贺电。中国领导人特别强调"两国合作超越双边范畴，在地区和国际层面发挥示范效应"的作用。苏州工业园区正是国与国经济合作的示范之区。借助这一政府间的合作平台和有效的合作机制，两国各层级领导和各部门、机构、企业的交往十分频密，在办好园区的共识下，双方都想了很多新办法，克服了很多困难，一直往前走。

中新两国的友好关系,和通过苏州工业园区缔结的"一起战斗的友谊"是分不开的。

其次是内生性的精益求精文化。苏州历史悠久,文明昌盛,自古就有规范、有序、精细、精致的工匠文化。如同苏州的"双面绣",能在一幅绢帕上正反绣出截然不同的华彩绣面,将一根头发细的绣花线分成1/48的细线绣,并将千万个线头、线结藏匿得无影无踪。苏州的精益求精气质,源自人民对这方水土的深厚感情,也源自历史形成的"追求上上"的高标准价值追求。苏州的社会资本与新加坡的管理文化尤为契合。

因此,尽管苏州工业园区起步时已有很多经开区和高新区跑在前面,但苏州很快就后来居上。

在苏州,我看到了好的市场经济、高精尖的产业活力、高质量的全面发展,以及文明和谐的社会治理。我再一次感受到开放的力量,以及开放合作对象(如新加坡)的重要性。

从四大名园的园林,到现代化的特色园区,苏州正在演绎21世纪的"城市双面绣",一样精美,一样动人。

2020年9月下旬我在园区采访的时候,看到的基本都是正增长的数字:1月至8月,预计完成规模以上工业总产值3170.2亿元,同比增长3.8%;完成进出口总额614.6亿美元,同比增长5.1%;预计完成固定投资262.8亿元,同比增长0.5%;完成工业投资96.62亿元,同比增长48.2%;实际利用外资15.5亿美元,同比增长120%;新设外资项目157个,完成注册外资27.4亿美元,同比增长140%;1—9月生物医药、纳米技术应用、人工智能三大新兴产业总产值超1700亿元,同比增长20%以上。园区不仅在外经、外资等传统强项上动力强劲，在更具内生性的民营科技创新方面也活力四射。

我还看到，在长三角深度一体化背景下，苏州工业园区正在成为长三角企业"走出去"的赋能平台，其多年积累的联通世界的招商投资、外经外贸、中介服务、信息和人才资源，可以帮助更多企业搭上可信赖的发展快车。

苏州工业园区自身也在"走出去"，通过援建、共建、合建等方式，在苏州、江苏、国内，以及"一带一路"上，创设更多新园区。

苏州工业园区的实践，让我们进一步坚定了对高质量发展的信心。

苏州市委常委、园区党工委书记吴庆文说，百尺竿头，要更进一步，未来苏州工业园区要发挥自贸区与国家级开发区、自主创新示范区、开放创新综合试验区的叠加联动优势，始终把"勇争第一、敢创唯一"写在发展旗帜上，不断上演建设世界一流高科技园区、打造新时代改革开放新高地的"速度与激情"，努力为全国改革开放和现代化建设创造更多可复制可推广的经验。

尾声：再次倾听李光耀的声音

1994 年 8 月，李光耀在园区管委会的一间会议室里说："如果有一天你们能够比新加坡做得更好、更成功，即使长眠地下，我也会脱帽向你们致敬。"

1998 年，他在《李光耀回忆录》中写道，"我给苏州工业园区的建设成绩打 70 分，这是个相当高的分数。那里风景宜人，总体规划给人一种很新加坡式的印象","有一些其他细节,园区还没完全掌握,仍需要时间学习"。

2004 年 6 月,他参加苏州工业园区十周年庆祝活动,称赞一个国际化、现代化的工业园区已经初具规模,期望苏州把在若干年后要新加坡倒过来向苏州学习作为努力目标。

2009 年 5 月,他参加苏州工业园区十五周年庆祝活动,说每一次来苏州工业园区的感受都不一样,园区更加美丽,鲜花更多,绿化更多,车子也更多了。在接受新华社专访、谈到园区十五年的发展变化时,他说了四个字:青出于蓝。

"新加坡把苏州工业园区这个引擎点燃了,是中国政府让它们在积极运作。"李光耀说。

不只是政府,还有企业和全体社会成员。

希望苏州工业园区这个"优良品种"能结出更多硕果,希望它的"软件"能像 ISO 标准一样,被中国更多地方学习借鉴。

中国经济发展不可一日无园区,中国园区的创新驱动不可一日无苏州。

在宁波感受制造之魂，单项冠军是怎样炼成的？

前不久我和一家电动工具上市公司的企业家交流。他们出口到美国的产品，价格每上一个台阶，销量就明显下降。

"美国很多日用品的零售价呈 9.99、19.99、39.99 美元这样的阶梯式，表明大众对价格很敏感。美国 70% 左右的家庭靠工资支票（pay check）为生，等于是'周光族''月光族'。"

所以美国要与中国制造脱钩很不容易，因为中国商品的质优价廉与普通美国人的囊中羞涩，刚好是一枚硬币的两面。而同时，在那些流失了大量制造业岗位的州，那些从中产滑向贫困的人，也成了特朗普选票的基本盘。

制造业关乎就业。但其更重要的意义在于：如果一个国家失去制造业，长远看也会失去创新能力。

2012 年哈佛商业评论出版社出版的《制造繁荣：美国为什么需要制造业复兴》（*Producing prosperity：Why America needs a manufacturing renaissance*)一书举了这样的例子：

从 20 世纪 70 年代起，以半导体行业为主的美国企业开始采用"无厂设计"的生产模式，把大部分或全部制造业务外包至亚洲，由此导致本土对精密制造的需求量减少，从事此类业务的企业锐减，精密制造能力衰退，进而造成航空航天、精密仪表等行业发展出现问题。

美国贝尔实验室发明了光伏电池，但美国在全球光伏电池市场早已被边缘化。一个重要原因就是光伏电池产业中的许多技术是与其他产业共享的，如半导体、平板显示器、LED 和固态照明、光学镀膜等产品的制造，而它们大部分已迁出美国。

丢了制造业，丢的不仅是就业，更是产业能力。很多创意要变成产品，不可能在真空中完成。创新是要以产品开发和制造过程中形成的知识和经验体系为基础的。

把制造统统外包，短期可以让公司的财务回报变得亮丽，但最终，可能是"把自己的创新土壤送给别人"。

《制造繁荣》的核心概念是"产业公地"(industrial commons)，类似中国说的"产业集群"。它是"由各种专有技术、产业运作能力和专业化技能的网络所构成的能力和要素，可以成为企业、创新创业者、公共部门共享的资源"。产业公地的基础设施完善，配套网络齐全，专业化分工完整，有利于知识流动，技术外溢，创业人才重新组合，以及跨行业的创新探索。

事实上，美国今天之所以仍是世界第一创新国家，也是因为没有放弃在高端制造领域的创新投入。美国制造业 GDP 占总 GDP 之比为 12%（2015 年），但制造业研发投入占美国国内总研发投入的 2/3 以上。

制造与就业及创新如此相关，中国不可一日无制造业。

"制造业单项冠军之城"

我选择的制造业调研地是宁波。调研的重点是：中国的"产业公地"是如何形成的？中国制造的未来在哪里？

宁波历史悠久，是 7000 年前新石器时代河姆渡文化的发祥地。近代以降，宁波又是东南沿海的重要港口和工商重镇。1842 年"五口通商"，长三角有两个口岸，即上海和宁波。宁波在老上海人眼中是"外婆家"，上海话中的"阿拉"二字就来自宁波。1948 年，在上海的宁波人比例为 1/5。

宁波的甬商开辟了上海工商业的多个"第一"，如近代上海第一家银行、第一家证券交易所、第一家五金店、第一家绸布店、第一家火柴厂、第一家染织厂、第一家化学制品厂、第一家印刷厂、第一家国药店、第一家灯泡厂、第一家钟表店……孙中山说："凡吾国各埠，莫不有甬人事业，即欧洲各国，亦多甬商足迹，其能力之大，固可首屈一指也。"

也许是冥冥中的投桃报李，及至改革开放，作为"共和国长子"的上海，有大量的制造业老师傅，以"星期天工程师"的身份到宁波传经送宝，将技术与经验带到新兴的乡镇企业，薪火相传，功不可没。

宁波目前下辖 6 个区、2 个县，代管 2 个县级市，总面积 9816 平

方千米,相当于一个半上海;常住人口 854.2 万,相当于上海的
35%;2019 年宁波的 GDP 接近 1.2 万亿元(相当于上海的 31%),居
全国城市第 12 位,出口额居全国城市第 5 位。

到宁波调研前,我对两组数字印象深刻:

一是宁波的市场主体突破 100 万户,创业密度高,民营经济发
达,12 万家民营制造企业是宁波制造的底色;

二是宁波的国家制造业单项冠军企业(产品),截至 2021 年 1 月
有 51 个,居全国城市首位,堪称"制造业单项冠军之城"。

"制造业单项冠军"是工信部为加快培育具有创新能力的排头
兵企业和具有全球竞争力的世界一流企业,从 2016 年开始遴选的。
已评过四批,2020 年正在组织第五批遴选。单项冠军企业(示范企
业/培育企业)的主要申请条件是:近三年主营产品市场占有率平均
位居全球前 5 位且国内排名第 1 位。单项冠军产品的主要申请条件
是:单项产品在全球市场占有率位居前 3 位,相关关键性能指标处
于国际同类产品的领先水平。

"这是个做事的地方"

我调研的第一家企业是申洲国际(下称"申洲"),全球最大纵向
一体化服装制造商。2019 年营收 226.7 亿元,净利润 51 亿元。申
洲 83%的收入来自为优衣库、耐克、阿迪达斯和彪马代工,它藏身于
世界品牌之后,但净利率远超它们。

申洲的成功有很多原因:

1. 30 年如一日专注服装代工，只做从一根棉线到一件衣服这一件事。

2. 纵向一体化，从棉花到织布、染整、印绣花、裁剪与缝制等均由自己掌控。不是简单做 OEM（来料加工），而是走向了 ODM（从设计到生产都负责）。

3. 不断引进先进设备（如比传统套色印花快 10 倍的数码印花设备，客户只需把照片上传，印花车间 5 分钟内可以上机生产），不断进行技术改造和工艺创新，实现了自动化、柔性化、智能化的生产方式。既能做几百万件的订单，也能做几百件的订单，高效又灵活。2018 年世界杯足球赛决赛前，申洲在 16 个小时内把几万件球迷服做好，送到耐克上海，他们再空运到法国，正好赶上法国队获得冠军。

4. 提前走出去布局。申洲在柬埔寨的工厂出口到欧盟和日本是零关税，在越南的工厂出口到欧盟的关税是 10%，出口到日本是零关税，而从中国出口到欧盟的关税为 12%，出口到日本的关税为 7%。过去十年，申洲在柬埔寨和越南建立了巨大产能。

5. 在面料研发等方面持续投入，形成核心能力。如为了研发用于日常休闲的防水面料，研发人员深入美国的生活环境，测试美国人出门去超市、上班过程中暴露在户外的平均时间，研发出一款 15 分钟内防水的面料，既满足休闲需求，又能防不时之需，因为一般人去超市、上班路上可能遭遇淋雨的平均时间就是 15 分钟。截至 2018 年年底，申洲共申请专利 308 件，其中发明专利 106 件；获得授权的有效专利 195 件，其中发明专利 42 件。

申洲这样的"世界冠军"为什么出在宁波？董事会主席马建荣

给我讲了两段故事。

20世纪80年代末、90年代初，马建荣随父亲，曾任上海针织二十厂技术副厂长兼余杭临平针织厂副厂长的马宝兴到宁波北仑塘湾工业区参与创业。当时北仑单独建区不久，为解决本地就业，和上海针织二十厂、澳大利亚侨胞合资建了一家针织厂，即申洲的前身。马宝兴作为引进人才担任副总经理。

"当时的条件可以说是一穷二白。但为了引进父亲和解决我与妹妹等人的家庭困难，区里给我们分配了几套住房。区政府占企业50％的股权，总经理是区里派的，企业里本地人很多，但区里规定，凡用人方面的事，由我父亲这个'外来户'说了算，因此堵住了各种关系户，全凭能力招人。同时，当地有两个高考培训班，有些学生高考成绩接近分数线，但未被录取，区里就推荐他们来申洲，因为他们的基础素质是不错的。今天申洲的一些部长、骨干都是从这里出来的。"

马建荣说："父亲从底层工人干到副厂长，很务实。当时他想创业办新工厂，看了不少地方，最后还是宁波的开发区吸引了他。他常对我们说，这是个做事的地方，虽然现在条件跟上海没法比，但我们在这里将来一定能成事。"

新冠疫情下的复工复产

马建荣讲的第二段故事，是新冠疫情下的复工复产。

申洲全年满产，只在春节放假10天。2020年1月22日（农历大年二十八）放假，宁波基地的来自 15 个省的 3 万多员工，开开心心地回家了。马建荣也回上海过年。但大年初二，他就坐不住了，虽然这天是他的生日。他对妻子说："我要马上回宁波，各地都在封路，要是员工回不来，订单完不成，就完蛋了。"

马建荣先让从越南、柬埔寨回来探亲的 400 多名骨干乘坐初二、初三的飞机回去，有 14 个干部赶不及，是用公务机初四送回的。由于回得及时，申洲在越南、柬埔寨的工厂很快复工，而那里的竞争对手到 4 月中旬复工率还只有 50%。

在宁波，申洲成立了疫情防控、复工复产和春运三个领导小组，制定了应急预案、防控方案、员工疫情防控行为指导、食堂就餐规定、公共区域清洁规定等等，按省份各建一个管理小组，负责联络在该省的每个员工。2 月 10 日，首批 1.4 万名员工复工，复工率为 37%，他们基本都是在北仑过年的。

此时马建荣最怕的，一是外地员工不想再回来，二是政府对劳动密集型企业有忌惮，要求慢开工。

2 月 12 日，一个陌生电话打到马建荣的手机上。"我是郑栅洁，我想了解一下申洲的疫情防控情况。"原来是浙江省委副书记、宁波市委书记直接打来的。

马建荣汇报了防控措施，如厂区配备了 30 台红外热成像仪，员工一天测三次体温，厂区全面消杀，复工人员上班戴口罩，间隔距离比以前工位的距离更长，体温异常者及时与防疫部门联系以进一步检查或隔离观察，针对每个员工都建了二维码信息表，做到一档一案……

"你们这样做，我就比较放心了。接下来就是要在疫情防控措施到位的前提下加快复工,做到防疫复工两不误。不复工,经济上不去,也会出问题,所以政府全力支持你们复工。"

马建荣说:"当时一些地方封城封路,交通不通,我们很焦虑。邻省某县有 700 多名申洲员工,我们组织好了大巴和人员,但县里不允许返工,把我们在当地的领队也扣留了。这时只能靠市里出面。宁波市交通局和各省交通厅联络协调,允许大巴停在高速路口,最后一公里我们自己解决,人齐了就上路。交通局写了很多责任承诺书,有一次对方要求市长亲自签字,市长也签了。"

从 2 月 11 日开始,宁波市交通部门一共为申洲派出 700 多辆大巴车,接回了 1.7 万多名外地员工。不管大巴车晚上几点到,宁波医疗系统的人员都等着,为他们做核酸检测。2 月 20 日,复工率达到 97%。

2 月 16 日,宁波市委、市政府发出《关于促进企业复工复产的若干意见》,一共二十条,第一条就是"支持企业员工返岗",对接送中产生的包车费用给予 50% 的补助,对自行返甬的外地员工给予补助。有些企业复工了,但食堂没开,宁波市商务局立即协调餐饮企业复工,点对点对接解决。2 月 17 日,宁波采取了"备案制＋负面清单＋承诺制",负面清单之外的企业(项目)在落实防疫举措、向乡镇(街道)或行业部门报备后即可复工。

我在北仑区采访时还得知,吉利汽车的春晓制造基地就在北仑。一辆整车涉及几百家供应商、上万个零部件,由于上下游产业链复工不足,吉利汽车一度"巧妇难为无米之炊"。

比如车身的轮罩有一个轮罩内板,供应商因员工没有完全到岗,供不了货,车身就焊接不了。为解决吉利的问题,北仑区发改、经信等十多个部门的负责人每天晚上开碰头会,梳理所有配套企业的情况。凡是北仑区内的配套企业,直接分到街道,由街道统一解决;区外市内的,宁波市成立了 9 个"三服务"小组(服务企业、服务群众、服务基层),将全市的吉利配套企业加进"三服务"微信群,有问题就在群里落实解决;宁波市外的,则由市领导帮助解决。

一番努力之下,吉利在宁波的 156 家供应商在 2 天内完成复工,市外的 185 家供应商的交通运输问题在 5 天内得到充分解决,同时政府还分 3 批次梳理了 350 多家本地零部件企业名单、产品类型提供给吉利,帮助吉利选择合适的本地供应商作为备选,吉利最后新增了 35 家本地供应商。

当我了解到,申洲几万人的复工,吉利几百家供应商的问题,都是这样解决的,我顿时明白了中国的"产业公地"是如何形成的——一方面,龙头企业牵引的网状分工结构非常高效,另一方面,政府不仅营造了优良的基础环境,在关键时刻还扮演了托底的角色。

财散人聚,得人才者得天下

我调研的第二家企业是舜宇光学科技(下称"舜宇"),1984 年成立,30 多年一直以光学零部件为核心,今天已是能将光、机、电、算技术综合应用于产品开发和大规模生产的领军型企业。

舜宇在玻璃镜片和车载镜头方面的销量是世界第一,手机镜头、手机摄像模组的销量是世界第二,显微镜销量是国内第二。2019 年实现营收 378.49 亿元,实现归母净利润 39.91 亿元。

和申洲类似,舜宇也是躲在巨人后面的巨人。它的主要客户,在车载光学镜头领域是奔驰、宝马、奥迪、雷克萨斯等,在手机摄像模组方面是华为、OPPO、vivo、小米等,在仪器领域是蔡司、奥林巴斯等。它们是舜宇的"名主角",舜宇的战略就是当好"名配角"。

舜宇的创始人王文鉴,1947年生于余姚,1983年,时任余姚电容电器厂质检员的他带着8名高中毕业生,前往浙江大学学习光学冷加工技术。1984年,他们贷款6万元创建了余姚第二光学仪器厂,确立了光学冷加工方向,跻身照相机镜头生产行列。此即舜宇的起源。

舜宇给我印象最深的是两点:一是钱散人聚的分享,二是产学研相结合的创新。在钱散人聚方面,舜宇有些像华为。王文鉴对自己很苛刻,对科研人才却"一掷千金"。1995年因他有杰出贡献,政府奖励了他一块280克的金牌,他把金牌打成41枚戒指,自己只留一枚,其余送给了40位业务能手。

1994年年初,舜宇作为宁波市股份制改造试点企业,以1993年12月31日为资产界定日,此前所有在册员工350人,均按工龄、岗位职责、贡献大小配置股权。做法为"现金入股+量化配股",根据自愿原则,员工以现金1元认购1股,公司按1∶2配给量化股2股,即投入现金1元实得3股股权。根据省政府文件,企业创始人可以买断股权或占大股,但王文鉴只给了自己6.8%的股份。2012年他交棒退休时,股权已稀释到3%。

1997年起,为引进人才,舜宇先后两次以1∶1量化配股,"按职配股,以息还贷,服务10年"。如确定给引进人才量化股1万股,同时会要求他另外配1万股,出1万元钱;这1万元钱由公司贷款,用他每年的分红逐年偿还。2000 年,舜宇持股员工增加到 427 人。

2003 年,舜宇又出台"优秀人才评价制度",对评为优秀人才的员工实施股权激励,从 2003 年起每年拿出总股权数的 2.5% 进行奖励。

2007 年舜宇在香港联合交易所主板上市,2010 年舜宇决定用 1 亿股上市公司股票(每年通过真金白银的利润回购的流通股),分 10 年激励中层以上管理者和业绩优秀员工。这 1 亿股激励,不再需要现金配股,只要为公司服务满 4 年(总裁满 5 年),就可以直接在二级市场出售。1 亿股中,按岗位职务授予的有 3300 万股,6700 万股作为员工业绩奖励。

2015 年,舜宇又将激励面扩大到课级基层管理者和具有工程师职称的专业技术人员。截至目前,舜宇有 3200 多名员工成为股东,演绎出财散人聚、得人才者得天下的生动篇章。

产学研相结合

舜宇创立之初,只是个小集体企业,能走上科技创新之路,是因为一开始就坚持产学研相结合。舜宇与浙江大学真诚合作,而浙大在光电方面的科研能力国内一流。双方的合作,从额定利润分成,到按实际利润分成、根据投资比例共担风险、再到组建股份有限公司、成为真正的利益共同体,越来越紧,越来越深。

王文鉴曾说:"中国目前多数的学、研单位和企业,都不具备独立实现高新技术产业化的能力,而双方优势互补恰恰具备了实现产业化的基本条件,为何不能互惠互利共同发展呢?

"症结在三个方面:

"其一是不少企业经营者缺乏科技兴企的意识;

"其二是不少高校、科研单位在与企业合作中'吃了亏',一朝被蛇咬,三年怕井绳;

"其三是被'不想共赢而想独赢'的私心杂念蒙蔽了理智。"

舜宇是怎么做的?王文鉴说,关键有三点。

1.确立科技意识,承认科技的地位和价值。"有不少人问我:浙大在你们这里分了多少钱?我总是认真地告诉他们:浙大在我们这里没有分一分钱!科技同生产结合后,企业效益是双方共创的,不存在科技方在我们这里分多少钱的问题,浙大分享的是他们自己创造的成果,如果没有浙大的这部分,也就没有我们企业的这部分。如果科技人员到头来没有自己的地位,从何谈尊重知识、尊重人才呢?"

2.建立合理机制。科技人员主要怕"过河拆桥",企业也怕对方"虎头蛇尾"。怎么解决双方的担心?必须建立合理机制作为保证。

3.以诚相待,这是合作的基础。"我们与浙大的合作,1989年那时双方都有一本销售账,每次卖出产品各自记个数。有次浙大的账上少记了一笔,我们还是按实际产量向浙大交付了利润,钱虽然只有几万元,双方的心却因此更近了。双方在名和利的问题上只有让,没有争,用他们的话来说,我们这里是个'君子国'。"

舜宇的核心价值观是"共同创造",即共创事业与价值,共担困难与风险,共享成果与利益。无论是推动员工分享,还是坚定不移地走产学研相结合之路、成为"厂校合作的典范",背后的关键都是价值观。

一定要选择远方，才会有成就

我在宁波调研的第三家企业是宁波江丰电子材料股份有限公司（下称"江丰"），2005年创立，专业从事超大规模集成电路制造用超高纯金属材料及溅射靶材的研发生产，填补了中国在这一领域的空白。

江丰的创始人姚力军说：江丰就像在芯片里修路，只不过这条路只有头发丝的万分之一宽。

姚力军拥有哈尔滨工业大学和日本广岛大学双博士学位，曾任一家世界500强公司电子材料部门日本生产基地的CEO。2004年11月，第六届中国塑料博览会在余姚举行，姚力军受余姚市之邀前来参加，实地考察了这里的创业投资环境。

余姚给他的承诺是："你只要来，关键技术和人才你解决，剩下所有问题交给党委、政府来解决！"2005年4月，姚力军辞去世界500强公司的高职，和六七个人的团队一起飞抵余姚，开始创业。

创业是艰苦的。2008年春节前，产品研发出来，但卖不出去，过完年账上只有10万元钱。这时几家跨国公司相继提出收购意向，如果同意，立即可以实现财务自由，如果拒绝，面临的是难以预料的困难，甚至是破产清算。

关键时刻，大年初八，政府部门上班的第一天，余姚科技局的局长手捧鲜花来看望姚力军，还带来了科技扶持政策，帮助他们获得了300万元银行贷款，渡过了一个难关。2009年8月，江丰的溅射靶材开始向中芯国际供货,产业化正式起步。2014 年,中国第一炉"电子级低氧超高纯钛"在余姚投产,整个生产线完全自主创新,钛锭纯度高达 99.999%,使中国成为世界上第三个能够生产低氧超高纯钛的国家。

江丰是典型的技术创新企业,拥有覆盖铝(Al)、钛(Ti)、铜(Cu)、钽(Ta)等多种金属材料及溅射靶材全工艺流程的完整自主知识产权。姚力军说:"只有选择困难和艰苦的事情,才会有价值;一定要选择远方,才会有成就。"

凭借过硬的技术,江丰成功获得了国际一流芯片制造厂商的认证,在全球先端 7nm FinFET(FF+)技术超大规模集成电路制造领域量产,并正向 5nm 和国际最前沿的技术迈进。

博大和精深

宁波制造是博大的。像镇海石化,经过 40 多年建设,在曾经的海涂地上建起了原油年加工能力超过 2300 万吨的中国最大炼化一体化企业。

宁波的"246"万千亿级产业集群建设目标是:到 2025 年,培育形成绿色石化、汽车 2 个世界级的万亿级产值产业集群,高端装备、新材料、电子信息、软件与新兴服务业等 4 个具有国际影响力的 5000 亿级产业集群,关键基础件(元器件)、智能家电、时尚纺织服装、生物医药、文体用品、节能环保等 6 个国内领先的千亿级产业集群。

宁波有雅戈尔、方太、公牛、奥克斯、杉杉、得力文具等和消费者贴近的品牌，也是"中国注塑机之都""中国紧固件之都""中国文具之都""中国模具之都"等8个特色产业之都。

因为有"龙头竞争力＋特色竞争力"，2019年宁波规模以上工业企业亩均税收44.7万元，居浙江第一。2020年3月15日公布的浙江省"亩均效益"领跑者20强，宁波有7家上榜。

但这次调研中，宁波制造更吸引我的地方是精深，是做出不可代替的高精尖特的东西。可能只是零部件，但"关键到不能少"，或者"少了就不会这么好"。压铸模具、轴承、汽车橡胶配件、称重传感器、交通事件智能检测分析系统、电机铁芯模具、脱硝催化剂、铝轮毂、钕铁硼永磁材料、缝纫机旋梭、电脑横机、切割丝，在这些一点都不性感的名词背后，耸立着一大批隐形冠军。而所有这些，几乎没有一个不需要花上十年乃至二三十年的专注付出才能成就。

大国重器离不开"精微小器"。就像宁波信远工业公司制造的柔性石墨复合密封圈，为长征五号运载火箭两型液氢液氧发动机的研制奠定了基础；中国核电站反应堆的密封技术，则来自宁波天生密封件有限公司（下称"天生"）。天生作为"核电站密封新技术、新产品及应用"的第一完成单位，获得了2010年国家科技进步二等奖，是第一个获得该奖的中小民营企业。

民生福祉也离不开"精微小器"。比如，当信远公司十年磨一剑，成功推出中国第一根不断针的"硬质合金牙科车针"后，国外产品的垄断被打破，原本进口一支牙科车针需要45元，现在只要8元。

当年谈中国制造，有"可怕的顺德人"之说；今日谈中国制造，可以加一句，就是"可敬的宁波人"。

制造业的魂

中国制造业单项冠军之城，为何是宁波？

因为这里有一大批热爱制造业，充满市场意识、国际意识和科技创新意识的企业家。宁波书藏古今，港通天下，有浓厚的创业精神，近现代以来始终站在开放前沿，今天的舟山港已连续 11 年成为全球货物吞吐量第一的港口。和世界市场相连接，与开放型经济为一体，这样的环境赋予了宁波企业家开阔的产业视野和志在全球领先的抱负，这种抱负也是他们数十年专注奋斗的内在动力。

因为宁波有重视制造业、支持制造业发展、真正弘扬企业家精神的生态环境。这种环境的形成并非一日之功，而是综合的、配套的，政、商、社会合作形成的。比如，通过大量人才引进和创业支持的政策，宁波的人才净流入率连续两年居全国城市第 2 位，其中制造业人才净流入率居全国城市首位。生态引人才，才聚业更兴。

又比如，很多企业在研发突破后会面临"首台套"问题，即市场上谁最先应用。这时政府适当引导，就能起到"第一推动力"的作用。

还比如，政策是普惠的，而企业的问题往往是个性化的。精准施策很重要。宁波的领导说："措施有时比政策更重要，因为措施是具体的，有针对性，这需要整个政府的服务下沉再下沉，真正变成服务型、响应式的政府，营商环境的改善和服务能力的提高永无止境。"

　　曾几何时，很多地方流行"逃离硬资产""退出制造"，热衷快速见效的东西。宁波绝大部分制造业企业家都有超强定力，不碰房地产，不炒股票，不投机。很多单项冠军企业的创始人学历并不高，但务实、专心、爱学、重研发、不自满，他们是"干中学"的杰出代表，是长距离奔跑的优胜者，时间越长，优势越显。

　　一家宁波企业和日本企业合作了 20 多年，日本代表感慨："如果我的合作对象是日本人，我都没有自信能合作这么多年。"

　　宁波制造所蕴含的精神，是竭尽全力、永不停息，让产品一天天更有价值、一天天在客户那里更加不可代替的精神。一生一品，一业一念，念念不忘，必有回响。这种力量早已超越了金钱的刺激，而和抱负、信念、事业心、成就感、全员共享等结合在一起。

　　郑板桥说："精神专一，奋苦数十年，神将相之，鬼将告之，人将启之，物将发之。"只要足够努力，一切都会帮你。

　　三大产业都是中国的命，但制造业更关系到中国的运，制造业的创新也会极大地推动第一产业和第三产业劳动生产率的提高。

　　而宁波制造，体现的是制造业的魂，是制造业高质量发展所需要的精神。

　　如此多的单项冠军为何集聚在宁波？最重要的因素，还是一个地方的社会资本、无形资产、人的素质与精神。

在湖州体会中国治理：天下如你，百姓无忧

卡尔·波普尔（Karl Popper）说："我所追求的全部知识，只是为了更充分地证明自己的无知是无限的。"这是我从二十几岁起的座右铭。今天我创作的最大动力，也只是为了消除思想上的无知。

无知是在于，总觉得不能很好地理解这个时代的中国。

我没有不生活在这个时代和这片土地的自由，而这个时代发生的一切实在太有戏剧性、太魔幻主义了。某天觉得可以把故事说清楚了，第二天遇到新情况，又觉得说不清了。

比如，当你听到政府主官讲述营造环境、招商引资，会觉得中国经济的谜底在于两个"经济人"携手。政府也是经济人，书记市长也像董事长和总经理。

但下一个场合，政府主官又会感叹，产业政策常常"有心栽花花不开，无心插柳柳成荫"，有时有效，有时无效。

光是处理好政府和市场的关系问题，不同地区，不同时间，不同

产业,不同企业和不同官员,答案可能都不一样。如果一定要找标准答案,只能是实事求是。

消除自己的无知很难。我的信心在于,生产和社会实践犹如隆隆开进的列车,只要牢牢抓住,就能跟着前进,终有破壁的一天。或者说,破壁本就不是豁然开朗的一瞬,而是孜孜以求的一生。有此过程,我已无悔。

2020 年 4 月中旬,疫情发生后基本待在家中的我,觉得应该出去走走。我从最近的长三角开始,一会儿是企业,一会儿是农家乐,一会儿是开发区,一会儿是乡镇或市区干部,点点见闻如一颗颗星星,一开始没有联系,多了,慢慢也能看出闪烁的轮廓。

"如果中国的治理就是长三角治理的放大版,该有多好!"

真的很想和大家说这句话。

"人生只合住湖州"

我的第一站是浙江湖州,北临太湖、向以"苏湖熟,天下足"闻名的湖州。

湖州面积为 5820 平方千米,常住人口 306 万,下辖吴兴、南浔两区和德清、长兴、安吉三县,2019 年 GDP 为 3122 亿元,略高于广东中山(3101 亿),略低于珠海(3436 亿),在浙江 11 个地级市中名列第 8,位次并不高,但增速强劲,2019 年增速排名浙江第一。

我之前只去过德清的莫干山及《卧虎藏龙》的拍摄地"中国竹乡"安吉。我也途经过南浔,清末这里出了很多丝绸业富商,所谓

"四象、八牛、七十二狗",财产达千万两白银以上者为"象",500万两以上者为"牛",100万两白银以上者为"狗"。今日南浔仍有不少大宅,依稀可见当年荣光。

调研之后方知湖州底蕴之深。中国几大文化,丝、笔、茶、瓷、酒,都与湖州相关。湖州钱山漾遗址出土了4200多年前的丝片,被命名为"世界丝绸之源"。"湖丝"在1851年伦敦首届世博会上获得金奖,是为中国参与世博会的第一步;德清亭子桥挖掘出的战国青瓷碎片,将成熟青瓷的历史从东汉末期前推了五六百年;秦朝大将蒙恬造笔,开启"文房四宝"之首的湖笔文化;唐代茶圣陆羽在此访茶,完成了世界首部茶学著作《茶经》。

"中国书画史,半部在湖州。"唐宋以来,湖州共出了19位状元,1500多位进士。新中国成立后,湖州籍"两院"院士(学部委员)已有40位,中国23位"两弹一星"元勋湖州有三,分别是钱三强、赵九章、屠守锷。

湖州人深恋自己的土地,湖州人孟郊的"慈母手中线,游子身上衣",再恰当不过地表达了这一带的地缘与人缘的情感。湖州人说"上有天堂,下有苏杭;天堂中央,湖州风光",湖州之外认同者不多,但湖州的主官们是认真的。他们说,湖州现在只是长三角的"后花园",但随着商合杭高铁(商丘—合肥—湖州)联调联试,湖州到杭州西铁路已经开工,沪苏湖铁路(上海—苏州—湖州)开工进入"倒计时",湖州在未来几年成为长三角的"中心花园"并非虚言。

湖州在治理方面最闪亮的一张名片,莫过于这里是"绿水青山就是金山银山"的"两山思想"发源地。湖州最早实践"美丽乡村",《湖州市美丽乡村建设条例》是全国首部地方性美丽乡村建设法规。

湖州也是全国首个地市级生态文明先行示范区。"行遍江南清丽地，人生只合住湖州。"元代诗人戴表元的诗句，乃是今天湖州生态的真实写照。

历史人文和风物美丽不是我的调研重点，我希望体会的，是这座城市的治理过程中，市场、政府、社会之间的关系。

江苏启东人童锦泉（老童），1955 年生，14 岁起做了篾匠，一年半挣了 50 块钱。80 年代在家乡养蜜蜂，生产体育用品，90 年代到上海做商业地产，做出了"龙之梦"系列，并扩至全国。

5 年前，朋友约老童到长兴看看要不要建个酒店，没想到老童"聊发少年狂"，爱上了一片 23.48 平方千米，"面朝太湖、三面环山、腹拥湿地"的地方，要圆一个世界最大文化旅游休闲度假区的梦想。

4 年多来，老童把几乎所有身家和"龙之梦"每年的租金利润都砸到这里，投下 200 多亿元，面积相当于四个上海迪士尼度假区的"太湖龙之梦乐园"已初具规模。老童的创意是"广州长隆＋珠海长隆＋乌镇＋西塘＋杭州宋城＋西溪湿地＋灵山大佛"，这里有 13 大业态，2.8 万间酒店客房，6.8 万个演艺席位，2 万个停车位，目前已建得七七八八。

我乘车看了已开业的动物世界，这里总共会引进 400 多种、3 万余只野生动物，数量相当于长三角所有公园的总和，仅大象就有亚洲象 7 只、非洲象 20 只。

我为老童大面积同步开工和超强的成本控制力赞叹。他不拷贝欧美模式，而是要"通过大交通、大景区、大统筹满足中国人的大需求"，希望一年能有 3000 万客流量，以宿为主，以宿养游，以宿养文。他建了庞大的酒店群，价格最低为几百元，住一晚还包吃包玩。

他"一千天如一日",每天早晨 6 点多起床,7 点开始工作。过去这 1000 多天,他每天拄一根手杖,在最多时开了 400 个工程的浩大工地上,最少走 7 个小时,2 万多步。

老童有梦想,肯砸钱,不借旅游之名做房地产,政府当然支持。而我没想到的是支持的程度。

老童的助手说,长兴县委、县政府已在这里开了七八十次办公会,密集时两周一次,书记、县长亲自坐镇,各部门抽调了 20 多名公务员,每天在这里办公,晚上就住在这里,和企业里的人一样承担任务。随着项目越来越大,近年协调会升级到湖州市一级,由副市长牵头,定期举行。

老童 2016 年 8 月赴津巴布韦洽谈非洲象的引进,办理了相关证照和手续,后受国际政治因素影响,证照过期。湖州市及长兴县的领导跑去北京,在海关总署、国家林草局、国家濒危物种进出口管理办公室等帮助下,重新办理了证照,2019 年 10 月终于成功引进了非洲象。引进长颈鹿也很费周折,如果再拖一段,长颈鹿长高了,机舱都装不下。湖州的干部守在北京,倒算日子,找各相关部门沟通,最终办好了手续。

因为疫情,原本要进口的鳄鱼等进不来。老童说:"湖州一直在想办法,今天下午省里来调研复工复产,他们会请领导来现场,由省里出面帮助解决。"

我在长兴还看了吉利汽车的自动变速器工厂,第一台样机 2020 年 1 月 18 日下线。受疫情影响,欧洲一些设备供应商不能到场调试,就通过远程诊断、远程调试,尽可能降低对进度的影响。工厂负责人说,变速器项目投资超百亿元,加上刚开工的吉利新能源乘用车项目，在湖州的总投资将达 300 多亿元。这么大投资放在湖州，如同李书福董事长所说的，因为这里有最好的投资环境和"店小二"。

为引进项目，长兴成立了县委书记、县长任组长的吉利项目攻坚领导小组，开了 6 次推进会，经济技术开发区抽调优秀干部配到服务一线，结合"最多跑一次"改革，优化审批程序，签约 170 天后就开工建设。投资年产 60 万台变速器的工厂，一般需要 2 年才能下线，这里只用了 16 个月。

"以百分百的诚意、百分百的效率和百分百的服务，全力以赴把项目服务好、保障好、推动好。"这是湖州和区县领导讲话中的常用表达。近两年，湖州在省、市、县长项目的落地率方面，高居全省第一。

服务型政府的本质是响应

大项目投资政府会倾力支持，那么常态化的政商环境呢？

天能电池集团是新能源动力电池的领军者，我在这里得知，每年春节上班后第一天，长兴的书记、县长都会到天能等企业拜年，看政府如何配合企业新一年的工作。2020 年因为疫情无法走动，书记在上班第一天给天能董事长张天任发信息，说"希望我是第一个给你发信息的人，政府时刻想着你们"。

一位湖州领导说，全国都在优化投资环境，如果说湖州有什么特点，那就是"把诚信坚持到底"，凡政府承诺的，绝不落空。比如疫情发生后,"我们立即提出,该给到企业的钱,一分钱都不能少"。湖州市人民银行国库部门迅速开通了抗疫惠企资金退拨绿色通道,定人定点,即来即审即办,优先保障物资生产企业的资金业务。一季度全辖国库办理疫情拨款 75 笔,1.08 亿元。为落实"应退尽退",一户不漏,国库部门还要求银行在办理退税入账时为企业、个人提供免费短信提示。

久盛地板老总说:"湖州海关把我们的关税退税资料提交给国库部门仅仅 5 分钟,300 多万元退税就到账了。"一季度湖州为企业办理退税 1.9 万余笔,37.3 亿元。

政府不仅要努力当好"店小二",有时也要扮演好产业引领者。

浙江的"零资源经济""一镇一品"很出名,过去我总觉得这是企业家精神和市场自发演进的结果。德清地理信息小镇的崛起,改变了我的看法。

在科技部火炬中心公布的 2020 年第一批 29 家国家火炬特色产业基地公示名单上,湖州莫干山高新区地理信息特色产业基地(即地理信息小镇)榜上有名,是浙江唯一入选的基地。小镇核心区 1.31 平方千米内,国际会议中心、地理信息科技馆等一批基础设施和 58 幢产业大楼已投入使用,370 多家地理信息及相关企业,以及超过 5000 名高端人才,汇聚于此。2018 年,首届联合国世界地理信息大会在德清举行。2019 年,地理信息小镇完成营业收入超 200 亿元,财政收入超 16 亿元,连续 6 年实现增长翻一番。

无论是叫外卖、网约车,还是卫星回传数据、无人机为用户高精度导航、地下管网"做 B 超",地理信息无处不在,这个产业是朝阳行业。但我怎么也想不到,一个覆盖了数据获取、处理、应用、服务的完整产业链，地理信息产业的高度集聚区，竟是莫干山下的一个小镇。

故事要从 2010 年浙江省测绘局更名为浙江省测绘与地理信息局讲起。原局长陈建国想把地理信息产业做大做强，就动议建设一个地理信息产业园，打造"人脑加电脑"、知识和技术密集的楼宇经济。正在谋求科技新发展的德清反复做工作，把项目落地到德清科技新城。

2011 年 5 月，浙江省测绘与地理信息局与德清县签订合建产业园协议，10 月在杭州联合召开产业园推介暨成果展览会，规划建设和招商引资全面展开。

当时的小镇只有一个刚奠基的广场，到处都是水田鱼塘，小路边的荒地长满了油菜花。20 多名招商人员拿着浙江省测绘与地理信息局梳理出的五大类项目清单，扎进北京、上海、深圳等地"画大饼"。几个月，招商人员瘦了一圈，才拉回一个项目，又因不是地理信息产业方向被否决。

直到 2013 年才有了起色。上市公司"中海达"同意来看看，一年后落户，还介绍了一家智能电磁驱动模块生产企业同来。莫干山高新区领导说："富家女不嫌弃嫁给穷小子，我们要对得起这份信任。"他们靠的是无微不至的服务——产业大楼未建好，政府免费为企业提供临时办公场地；员工没住处，政府找公寓楼，装修成宿舍；北方人不习惯吃米饭，食堂立即增加面食。高新区给每个引进项目配了三名"专业管家"，从签约到正式动工全程跟踪、随叫随到。

服务型政府的本质是响应。企业缺人才，政府帮助引，小镇已和长三角 15 所院校合作共建大学生就业实践基地、创新创业基地，

与武汉大学测绘学院共建成果转化基地,定向培养专业人才;企业
缺资金,政府设立扶持基金;人才要安居,政府建了近 2000 套人才
公寓,外来人才购房、租房优惠 20％以上;对高端人才吸引力不够,
政府推出高端人才创业最高 100 万元的启动资助和最高 1000 万元
的研发经费资助,还精准定制了"周末工程师"柔性引才机制,让上
海、杭州、南京的专家在这里设立弹性化的工作室、工作站。目前这
里的高层次人才已占引进人才总量的近 30％,4 位国家级院士领衔
的项目入驻小镇。

政府在经济发展中的角色究竟是什么?

我一直认为,企业家精神不限于企业,凡有勇气做出决策,承担
责任,寻求"有目的的创新"的人都是企业家。这才是生机勃勃的
"企业家社会"。

在湖州,我对政府和企业的关系有了一些新感受:

1.两个"经济人"在中国是一种真实的存在,政府同样富有企业
家精神。

2.政府不是只要把市场规则和政策定好就万事大吉了。因为
项目都有太多不可知的变量,任务在落实中异常复杂。企业有需
求,政府就要响应。政府是环境营造的主体,而环境营造是进行时,
永无止息。

3.在地方与地方的竞争中,在越来越高的发展要求下(如环
保),纯粹靠单个企业自发创业已经不够。需要整合各种资源,创造

各种配套条件，向全新的产业形态发起冲击，这就像"无人区"，要靠同舟共济的合力。

4.高质量发展对政府的行为一致性提出了更高要求。政府要诚信践诺，要"一张蓝图绘到底"。地理信息小镇在一张白纸上"十年磨一剑"，如果换个领导就换思路，今天这样明天那样，绝不可能成功。

政府在经济发展中的角色究竟是什么？和二三十位各部门干部交流后，我似乎比较清楚了。

1.经济增长的推动者。

发展是硬道理，增长靠项目带动，好项目是稀缺资源，所以必须争抢。我在湖州闻到了浓厚的抢项目、抢人才、抢要素的气息。

湖州的重大项目都有一个组合式服务推进机制，由一名市领导、一名部门负责人、一名区县负责人负责联系，努力做到领导在项目一线指挥，干部在项目一线工作，情况在项目一线了解，问题在项目一线解决。

湖州坚持"跳出湖州发展湖州"，在上海虹桥商务中心买了5300平方米办公场地，设立驻上海全球招商中心，招商人员318人，截至2020年6月已累计引进上海、苏州等地亿元以上项目227个，科研院所合作29家，意向高层次人才项目229个，此外还建立了驻北京、深圳招商引才中心。

从上到下争分夺秒，这是目前湖州抓发展的状态。2020年招商引资的要求是，确保新引进亿元以上项目580个，独立选址的亿元以上工业项目开工建设300个、竣工投产200个，力争当年新签约项目开工率达40%，每个区县都有50亿元以上项目开工建设。

政府工作报告要求,没有新的政策不开大会,没有新的举措不开中会,没有新的问题不开小会,"把更多的精力投入到抓落实、抓发展、抓改革、抓创新上"。

新出台的《重大项目攻坚及招商引才新政》提出,建立总规模500亿元的绿色产业基金,支持战略性新兴产业发展;每年新增300亿元以上的绿色项目专项贷款并安排1亿元财政绿色专项贴息资金,支持项目引进推进、投产达产;每年安排10亿元的顶尖人才项目专项资助资金,单个项目最高可达2亿元资助;每年安排5亿元大学生创新创业专项资金,每年安排2亿元资金奖励招商引才。

2. 改革创新的探索者。

发展倒逼改革,改革必须创新。湖州在投资项目审批中100%实现了"最多90天",一般企业投资项目开工审批平均用时全省最短。湖州率先推行涉企"证照联办＋承诺准营＋同步备案"模式,率先探索建立施工图审查"豁免清单"。

改革也是放权。湖州市级部门已向区县下放了1900项权力,民生事项"一证通办"率达到100%,加快打造"无证明城市""无证件城市",已取消各类证明材料2490项。

3. 发展质量的守护者。

湖州多矿,多年前形成了为上海等地供应建筑材料的庞大产业。有一种说法,如果湖州的矿山停了,上海的在建工地要停一周。但为了长远发展和生态文明,湖州"壮士断臂",坚持按"三个服从"进行调整(生产服从于生活,项目服从于环境,开发服从于保护)。湖州在全国地级市中率先编制自然资源资产负债表,开展领导干部自然资源离任审计试点,生态文明在党政实绩考核中的比重为 35%。

湖州矿山企业最多时有 612 家，现在只剩 25 家，开采量最多时一年有 2 亿吨，现在减少到 4500 万吨，基本不外运，且所有在产矿山全部为绿色矿山。湖州关停了大量污染企业，彻底改变了生态面貌，尽管在相当长时间里，在"以数量论英雄"的很多会议上，湖州的领导只能灰溜溜地坐在最后面。

在土地这一生产要素方面，湖州推行了"标准地"改革，即对每块建设用地的固定资产投资强度、产出标准、容积率、能耗标准、环保标准等做出约束性规定，并按格式化合同，实施全覆盖、全流程、全方位长效监管。凡是承诺按约用地的受让人，则无须再到相关部门办理审批手续。

目前工业方面"标准地"的要求是：亩均税收达到 30 万元以上，亩均固定资产投资强度达到 400 万元以上，亩均产值达到 500 万元以上，建筑容积率原则上不低于 1.5，新建项目万元工业增加值能耗不得高于 0.45 吨标准煤。对未履行承诺的企业，按上限标准征收土地使用税或依法收回土地使用权，对如期履约、示范效应好的给予奖励扶持。

2017 年年底，湖州在全市开展"五未"土地处置专项行动（批而未供、供而未用、用而未尽、建而未投、投而未达标），利用入企走访、大数据、地理信息应用、无人机航拍等手段，进行大清查，逐一登记造册、建立台账、上图入库。将"五未"土地处置结果作为各地新增建设用地指标分配的主要依据，成效明显的给予用地指标奖励，应处置而未处置、漏报、瞒报的，发现一宗扣减同面积新增建设用地指标。截至目前，已累计消化处置"五未"土地 9.28 万亩，保障了 1200

多个项目的用地需求。由于湖州在土地节约集约利用方面表现突出，2019 年国务院办公厅通报表扬，并奖励了 5000 亩用地指标。

对污染行业，湖州也不是一关了之，而是关转并行。原来比较粗放的铅蓄电池企业从 225 家减少到 16 家，剩下的经过不断改造都实现了"经济生态化"，即不与生态文明相违背，而是相适应。

湖州人低调务实，但也不乏自信。一位干部聊开了，对我说："其实我们比很多企业更有创新意识。"以前我是不信的，这一次，我信了。

民风就是黏性，文化就是竞争力

我分享了很多经济发展方面的感受。但湖州之美，不在城市，而在乡村；湖州之名，不在经济，而在社会与生态。

湖州已经五夺"大禹鼎"（浙江"五水共治"工作优秀市），是美丽浙江考核"七连优"，是浙江"平安市"十三连冠，环境治理和社会治理走在全省前列。

湖州全市划分了 2530 个网格，配备了专职网格员 1687 名，在综合治理、市场监管、综合执法、便民服务四方面，实现大事全网联动、小事一格解决。这一"全科网格"的模式，让百姓家门口的事，小到路灯破损、窨井盖缺失、火灾隐患，大到违法违章、治污治水，都能实时收集、受理、流转、处置、反馈，以前"看不见、管不着、管不好"的事，现在"看得见、管得着、管得好"。

湖州的平安志愿者队伍有 800 余支，24.5 万人，创出了很多品牌，像织里镇的"老兵驿站"以服务退役军人和群众为己任，德清5000多名"德清嫂"则在一线化解矛盾，撑起社区治理的"半边天"。

在湖州，生态被视为最公平、最基本的公共产品，以此为基，才有生态经济。

我去了长兴县水口乡顾渚村，这里东临太湖，三面环山，有1300多户人家，585家农家乐和民宿。20世纪90年代，一位名叫吴瑞安的上海老中医在这里办了一所占地7亩的康复疗养院，打出"欢迎上海的老年人到这里来住！"的口号，开启了一条绿色发展之路。

随着越来越多的上海人到此休闲度假，农家乐、民宿纷纷兴起，从100元左右一天包吃住到上千元一天，高中低档都有。顾渚村也被叫作"上海村"，上海话是通用语言。

顾渚村20多年前就不再办工业，不再砍树，就为好好养护这片"山好、水好、空气好"的天然氧吧。村里为每户农家乐都接进了污水管网，不让一滴污水流进大山。2019年顾渚村吸引游客近400万人次，很多人一年来三四次，最多的来九次十次，说自己在乡下有个院子，回来看看。

水口乡、顾渚村的自豪在于，这里是全乡域开放的4A级茶文化景区，却不靠某个景点驱动，这里先有乡村旅游，后有配套建设，最重要的景区"大唐贡茶院"2009年才开始复修。不靠景点靠什么？靠的是大自然加上"老百姓的文化"——让你有家一样的感觉。

这里有专门的车队，在长三角主要城市点对点到小区门口接送（十人成团，散客也有集中点）；这里的民宿都无围墙，夜不闭户，餐饮、价格、服务、设备、房间、厨房、污水处理等都导入标准化管理，号称"标准化程度300公里内没有对手"；这里没有恶性竞争，行业自治,民宿间互相介绍客人,不少民宿老板都说"赚钱已经不是第一位,第一位的是能交这么多朋友"。疫情稍定,可以恢复营业了,朋友圈一发信息,房间就订满了;这里的政府和民间如同朋友,有的政府投资的景点,使用的是各家民宿提供的椅子凳子,上面写着它们的名字。

"合作型市场经济","民风就是黏性","文化就是竞争力",在脑子里不断涌起。

我也去了"绿水青山就是金山银山"、从 20 世纪 90 年代的石头经济到 21 世纪的美丽经济的典范余村。它位于安吉天荒坪镇最西侧,占地 4.86 平方千米,280 户人家,1050 人,2019 年村旅游总收入 3000 多万元,村集体总收入 521 万元,农民人均纯收入 49598 元,低收入农户只有 9 户(因病致贫)。在安吉 187 个行政村中,余村的经济排在第 43 位。

余村给我印象最深的,一是村集体的概念。村里 6000 亩竹林和 580 多亩耕地作为集体财产,加上农民 5 万元一股入股,形成合作社,与湖州文旅集团合作开发本地资源。村民变股民,自己还可以开农家乐(七八个房间的农家乐一年有 20 多万元收入),或者到合作社上班(一天收入 150 元),种竹笋、中草药。余村还在为当地农产品申请商标认证,要品牌经营。

另一个印象是村务公开。涉及村民利益的事情,比如推行"垃圾不落地",推动"双禁"(全年全时段禁止销售和燃放烟花爆竹),改为办喜事用鼓,办丧事用锣,用鲜花换爆竹纸钱,等等,傍晚都在清风廊向村民报告,大事挨家挨户征求意见。村干部有 6 人,书记由镇党委委员兼任,还有主任、妇女委员、村监委、组织委员等。最难的是 80 多穴坟墓的搬迁，村支书自己带头先处理，后面就好办了。

惜草木，利民生，听民意，慰民心，百事不难。

政府和社会，政府和市场

在湖州，我看到的区、乡镇、村的基层治理是这样的。

村委会敞开式办公。最早是关门办公，后来是隔着窗口办公。

基层任务越来越多，但事增人未增，或事增得多、人增得少。有的镇（如织里）外来人口多，要增设几个派出所，所长由镇一级派出所领导分别向下兼任，肩负实责。

乡村领导不是官，是大服务员。顾渚村每年"五一"假期生意最旺，5 月 3 日当天游客前边走后边来，有四五万人。这天书记、村主任就是站马路的交警，听景区办工作人员调遣。越是节假日越忙，有的村干部已经 10 年没在家里吃过年夜饭。

干部责任压得很实，按"亮相、点评、比拼、排名、奖惩"五步工作法展开。

年初亮相。所有部门、乡镇的工作指标量化到月，区委、区政府常务会议通过后发文，并张贴在各级政府最显眼的位置。乡镇党委书记每年要拿出 2 万元左右交到财政，完成任务返还，否则进行一定的扣罚。

每月点评。每月召开一次所有乡镇、部门一把手在场的会议，区里每个领导点评分管领域中各乡镇、部门的表现，四套班子领导最后点评,表现差的发"蜗牛奖",表现好的发"猎豹奖"。

重大项目每季度排名(也有月度排名)。除书记、区长,四套班子领导都排到重大项目或行动中,一样进行排名。区委办、督查室、纪委书记、组织部部长等当"判官",人大主任当总裁判长。

对无法用同一把尺子衡量的事项(就像篮球和乒乓球规则不同),采取红牌、黄牌、蓝牌制,每月或季度对各乡镇、部门进行评价,两次红牌警告,三次则进行干部调整。

在村一级,各村差别很大,很难完全定量考评,于是区里设立了"曝光台"和"光荣榜",每季或每月针对不同工作,曝光差的,表扬光荣的。这一天所有村书记最紧张,早早就赶来。治理已经高度信息化,村里都有信息化平台,一曝光,大家立即就知道了。

最后是奖惩。也就是"面子、位子、票子"。

基层压力如此之大,所以从市到镇,越往下,收入越高。

这些政务人员的驱动力到底是什么呢?我听到了这样的答案:

"为了面子和自尊。阳光财政下,大家的收入是一样的。但跟别的地方比,经常坐不住,不服气。这是原动力。要想办法比他们干得更好。"

"湖州的老百姓耕读传家,知书达理,信任政府,我们不能做对不起他们的事。"

"可能是文化的原因。有的地方确实周五下午就不理事,就回省城了,但湖州的干部有一种内在约束,觉得周末不工作反而不正常。"

"人家都那么拼,你也不好意思掉链子,万一掉了几次,以后也就没有机会了。"

"大家都爱这片土地，都想这里一天天更好。爱就是动力，这是比钱更重要的。"

在湖州，我看到的不是政府和社会的对抗关系（state versus society），而是相互依存、相互赋能的嵌入关系（state in society）。

在湖州，我看到的不是政府和市场的争利关系，而是充分民营化的经济主体与真正服务型（同时也有约束性）的政府间的共济共赢关系。

这一切的底层，是文化的积淀和耳濡目染，是政府、市场、社会之间的信任。在改革开放和经济发展中，作为社会资本的文化与信任，不仅不会褪色，反而愈显其价值。

就像天能集团的张天任，他是一个几百亿元年产值的公司的董事长，但一直担任着村委会书记，每年大年三十都会放下公司的事，不是前往煤山镇敬老院给孤寡老人拜年，就是到天能周边的村庄看望慰问病、残、老等低收入村民，送上慰问金。他说："我家乡新川村差不多 2/3 的村民都在从事与天能有关的工作，他们的富足，比我的财富让我更有满足感。"

一种合作型、有节制、环境友好，同时充满进取心的市场经济，一种以社会信任为纽带、政府和社会无缝对接的社会治理，这就是我看到和体会到的湖州。

谢谢湖州。给了我一次理解中国道路的机会。天下如你，百姓无忧。

你是浙江的，我相信你也是中国的，未来还会是世界的。

30 年,这张王牌从来没有让中国失望

做"秦朔朋友圈"五年,写过几百篇文章,从未像写浦东这么难。

半年前浦东新区新闻办的朋友给了我一个 U 盘,是关于浦东的资料,让我参考。天! 下载的 word 文件有 1400 多页,差不多 100 万字。我掉进了无边的大海,面对太多他人的研究,有一种"眼前有景道不得,崔颢题诗在上头"的窘迫。

为了跳出资料找感觉,我去了陆家嘴金融城、自贸区临港新片区、洋山深水港四期全自动码头、张江科学城采访,对金融、贸易、航运、科创中心的建设有了很多直观认识,但越采访越觉得,对浦东最好的记录方式,也许是从 1990 年 4 月 18 日宣布开发开放那天起,任选一个地点,用影像方式记录变化。

什么叫日新月异? 什么是改天换地? 你随手拍下的那些可能就是。

我在陆家嘴采访时,有人说这里的路名曾经是"烂泥渡路",从

20 世纪六七十年代起就是危棚简屋和违章建筑的集中地。由于每逢雨季便水漫金山，所以有民谣说："黄浦江边有个烂泥渡，烂泥路边有行人路过，没有好衣裤。"而今天，这里的标志是 420 米的金茂大厦、492 米的环球金融中心、632 米的上海中心。

21 世纪初，烂泥渡路北段并入银城中路，南段更名为浦明路。

浦东是怎么长高的？有民间的摄影家逐年拍下了陆家嘴的景象，远比文字有冲击力。

可我是写字的。要是一年找不到感觉，在浦东住了 17 年的我对浦东 30 年就一个字都不写？似乎不应该。

我想到了一种收窄的写法：假设自己受邀给学生讲课，只能选一个角度，讲讲感受。

然后是互动提问。我在广东工作了十几年，有广东学生会问：你怎么看待深圳特区 40 年和浦东开发开放 30 年？我生在内地，有内地学生会问：浦东有很多特殊政策，内地怎么办？

就按这个结构写吧。感受浦东有太多角度，有"高大上"的，也有"小确幸"的。我想了很久，还是选择了开放。

从大众到特斯拉

1990 年 4 月 18 日时任国务院总理李鹏代表党中央、国务院宣布同意加快浦东开发，他选择的场景，是在出席上海大众汽车有限公司成立五周年和上海大众一期工程建成投产庆祝大会之时。

大众汽车是轿车领域第一个进入中国进行合资的西方汽车公

司,具有很强的开放意味。在上海大众的大会上宣布浦东开发开放,是在 1989 年春夏之交的风波和西方对中国纷纷"制裁"的背景下,中国向世界发出的继续开放的强烈信号。

1991 年 2 月 6 日,邓小平在上海过春节时,还在时任市委书记朱镕基的陪同下视察了上海大众。

上海大众以桑塔纳为抓手,极大地推动了中国轿车工业的零部件体系的建立。上海桑塔纳既是开放的成功,更是倒逼国产化水平提升的成功。

历史发展到今天,也有类似的场景。

2019 年国务院批准设立中国(上海)自由贸易试验区临港新片区。临港新片区的"代表作"之一,是特斯拉上海超级工厂从 1 月 7 日奠基到大规模交付仅用了 1 年,相比特斯拉在美国的工厂用 5 年实现大规模量产,压缩了 80% 的时间。

自贸区是浦东制度创新的新阶段。上海自贸区 2013 年 9 月 29 日挂牌,第二天就推出了中国第一份外商投资准入负面清单,此后逐年"瘦身",2020 年版的负面清单已从最早的 190 条减少到 37 条。

在负面清单外,在浦东设立企业实行备案制,目前 95% 以上的外企通过备案方式设立,外商投资办理时间由 8 个工作日压缩到 1 个工作日。

不妨对比一下:1996 年浦东推出投资项目审批的"一门式"服务,当时是很大的突破,可将 3000 万美元以下的项目审批从 60 天压缩到 10 个工作日。

浦东的探索推广到了全国。2018 年 6 月 28 日,国家发改委和商务部发布《外商投资准入特别管理措施(负面清单)》。紧接着,上海发布 100 条开放新政，其中包括引入国外新能源汽车，放开外资股比限制。很快，特斯拉与临港签约。

和 1990 年中国面临的"国际制裁"类似，2018 年 3 月特朗普签署了对华贸易备忘录，宣布对中国部分出口商品加征关税，自此中美关系波折丛生，"脱钩说"也不绝于耳。

和 1990 年一样，中国再一次选择开放，对世界更开放。百分之百独资的特斯拉就是例证。

我在临港新片区听到，他们并不满足于"特斯拉速度"。特斯拉项目从签约、拿地到开工用了半年，而最近一个审批的项目仅用了 4 个月。他们的目标是进一步完善"一网通办"，将时间缩短到 3 个月乃至更短。

速度是比出来的。在浦东的外高桥，2020 年创造了一个"山姆速度"。山姆中国会员旗舰店落户外高桥保税区，从签约到开工仅用 76 天。

从大众的燃油车时代到特斯拉的电动车时代，技术在不断进化。浦东也在不断进化，她的开放度更高，开放的范围更广，服务开放的速度更快，能力更强。

在浦东的外籍人

写浦东开发，不能不写五个中心。每个中心都能写篇大文章。不过，任何功能中心的建设，都是人来完成的。关键是人才。所以我再次聚焦，从人口结构切入浦东开放。

2019 年,浦东新区常住人口为 555 万人(户籍人口接近 303 万),其中海内外人才总量达到 145 万,超过 1/4。

在浦东,像我这样的"新上海人"太多了,说普通话的肯定是主体。

在上海取得户籍确实比很多地方难,但我几个亲戚的孩子,靠着积分制度,没有托任何关系(托了也没用),只要积分达标,无一例外都成了浦东人。

无论是在世纪公园的跑步道还是在众多的餐厅酒吧,你会觉得浦东像是某个版本的联合国,大量外籍人士和我们一样用微信、支付宝,点外卖,打滴滴,骑共享单车,听交响乐,看演唱会。

2020 年 11 月 8 日,科技部(国家外专局)发布了 2019 年"外籍人才眼中最具吸引力的中国城市"评选结果,上海排第一,已是"八连冠"。官方数据是,在上海工作的外国人有 21.5 万,占全国的 23.7%,居全国之首。

我估计,浦东的外国人会占上海外国人口的一半以上。

陆家嘴金融城有 50 万从业人员,30 多万是金融从业人员,16 万多人是归国留学人员,有接近 6 万左右的外籍人口。陆家嘴有的酒店式行政公寓,一半以上住户是外籍人员。

我在张江办公,张江科学城有各类科技型人才约 38 万人,常年居住在张江的外籍人士有上万人,加上临时办事的,高峰时外籍人士超过 2.2 万人。

我住在花木街道,这里有 1.3 万外籍居民,其中联洋社区有 8000 多人。

我常去中欧国际工商学院,它在碧云,碧云社区应该是浦东外籍人士比例最高的社区。据说有 9000 多人，占整个社区人口的 60%以上。中欧国际工商学院 1994 年由中国政府和欧洲联盟共同创立，目前有近 70 位全职教授，他们来自十几个国家和地区，国际师资占比近 60%。中欧的校区开到了加纳的阿克拉和瑞士的苏黎世。

国际化的本质，是开放，且在开放中能和谐相融。

老外为什么喜欢浦东？最重要的是机会和环境。我认识的迪士尼总监、迪卡侬高管，在浦东生活几年都不想回美国和法国了，总部下调令时还有些不情愿。

2020 年年初我参观张江的浦东国际人才港，这里在全国首推了外国人来华工作"一网通办""一表申请""一窗受理"。以前海关体检、人社局工作许可、出入境居留许可三项流程是串联的，一个办完才能办下一个，现在改成并联。加上手动录入字段减少 70%、审批时间减少 60%、申请材料减少 50% 等等，原来在正式受理后要 12 个工作日才能完成的外国人工作许可、居留许可审批，现在 5 个自然日内就可以完成。

浦东还出台了政策，支持外国人才到上海创新创业，允许孵化器、各类园区载体内尚在创业期的外国人才及研发团队成员办理工作许可。疫情期间，浦东对所有外国人的工作许可延期、变更、注销业务，全部采用"承诺制"，全程网上办理，支持他们复工复产。

从疫情看可信赖的生活

特别值得一提的是疫情。这是一场全球考试。我的不少老外朋友，母国在疫情中"难以自拔"，他们则在上海生活得井井有条。

张江镇提供了多语种的健康信息登记表、告知书，镇防疫办涉外小组成员和向社会招募的外语志愿者，就社区防控要求和外籍人士充分沟通。

花木街道联洋社区，随处可见多种语言的横幅——"个人防护四要素，戴口罩、勤洗手、不串门、不聚集"。有的居委会专门建立了健康服务群，每位境外返沪人员在小区门口登记时就被邀请扫码入群，由涉外社工做好信息互通和境外居家隔离跟踪服务。

在陆家嘴街道，社区公益基金会用两天时间紧急招募了精通韩语、日语和意大利语的三批志愿者，在线组建了三个技术工作组，陆家嘴31个社区的社区工作者随时可以在微信群内寻求志愿者的技术支持。陆家嘴街道将"新冠疫情联防联控管理平台"的中文界面翻译成英语、日语、韩语、西班牙语，外籍人员返沪时只要关注"陆家嘴发布"，点击"返沪人员登记"，界面就会显示四种外语的返沪人员登记表，申请口罩预约、体温申报、参与志愿服务也都非常方便。

很多老外也加入到抗击疫情的斗争中。有的"中国通"主动帮忙把防控消息转到各大外籍业主群，要大家提高警惕；有的"洋志愿者"家庭在小区疫情防控点执勤，帮外籍返沪人员扫码网上登记、填写登记表，指导进入小区的人员正确佩戴口罩；有的熟悉中英文的外国小朋友充当小小志愿者，帮居委会工作人员当翻译；日本居民多的东城社区招募了一支日语志愿者队伍，钦洋社区的疫情防控外语翻译组还招募到了小语种阿拉伯语的志愿者……

浦东的境外人员入境压力为全国最大，但中外人士在一起筑牢了疫情防控墙。管控中对所有涉外入境人员一视同仁，无差别、同标准，该隔离就隔离，不放松也不加码，这不仅消除了本地居民的担心，也保护了外籍人士的安全。

抗疫经验还显示，"中国作业"不仅对中国人有效，对外国人也有效，大家可以一起做好功课。

这就是浦东，不仅意味着现代化的工作，而且意味着可信赖的生活。她也因此成为很多外国人的向往。

2010年，我和当时的渣打银行（中国）首席信息官、澳大利亚人林大卫（David Lynch）交流。那天我们站在30多层的办公室攀谈，他突然指着陆家嘴中央绿地说：Here is the center of the world. 我追问了一句：你说的是亚洲的中心吧？他重申：说的是世界的中心。

林大卫真挺有远见的。在2020年9月25日英国智库Z/Yen集团发布的第28期全球金融中心指数中，上海首次跻身全球前三，仅次于纽约和东京。

看文献时，我发现浦东早期的创业者更有远见，他们在浦东大道141号简陋的办公室里挂了一句标语，"站在地球仪旁思考浦东开发"。

当然最有远见的，还是那位勇敢而智慧的老人。1991年年初邓小平在视察上海时指出，深圳是面对香港的，珠海是面对澳门的，厦门是面对台湾的，而浦东是面对世界的。

必须胜利，没有退路

从开放角度谈了对浦东的感受后，我来回答第一个问题：怎么看待深圳特区 40 年和浦东开发开放 30 年？

每一种成功都有相通的逻辑，也有不一样的滋味。谈到深圳，马上会想到一张白纸上的神奇画卷、移民文化、创新与企业家精神、市场化与民营化等等。我在浦东采访，也有不少人提到深圳企业的创新活力更强。

做了大量阅读和调研后，我觉得深圳和浦东一开始的历史定位是有所不同的。

两地都是排头兵、探路者，但浦东的责任更大，机会成本更高，约束也更多。相比深圳，浦东是在多目标、多约束之下寻找最优解。浦东光鲜的一面，国家给了多少先行先试政策的一面，很容易被看到，但浦东肩负重大责任的艰难、困难、为难的一面，则常常被忽略。

深圳最初的定位是"杀出一条血路来"，在一个边边角角的小地方做"试管"试验，谁都没有必胜的把握，万一搞不好"割掉"就是了。即使当时最有改革雄心者如袁庚，1979 年 1 月向李先念汇报时，面对李先念在地图上画出的七八十平方千米，也吓了一跳，说"我怎么敢要这么多"，于是李先念用红铅笔勾出一个小小的半岛，即后来的蛇口工业区。袁庚曾说：蛇口工业区 2.14 平方千米，相对于全国 960 万平方千米来说，不过九牛一毛。若改革成功，对全国来说很有意义，但若是失败，也无伤大局。试验遇到挫折也无关宗旨，中央放心让我们探索，先行一步，我们也比较有胆量去进行各种富有挑战性的试验。

在某种意义上，深圳特区的探索是有高容错性的，错了不要紧，"无伤大局"。这样就可以放胆去试，什么都可以试一下。这一试，试出了新天地。

回到浦东。浦东开发开放不是无伤大局，而是攸关大局。

浦东的故事其实是上海的新故事。上海一直是中国最重要的经济城市，计划经济时代上缴国家的财政收入占全国总财政收入的1/6，工业总产值占全国的1/8，外贸出口值占全国的1/3。上海是不能轻易动的，牵一发则动全身。尽管上海由于"多上交，少积累"，20世纪80年代的经济增速已慢于全国平均水平，有人形容上海"像一个进入晚年的老头，老态龙钟，精疲力竭"，但真要把上海拿出来，下决心脱胎换骨改革创新，依然很不容易。万一不成呢？

20世纪90年代中国决定打出上海这张王牌时，浦东的开发开放至少被赋予了四重责任。

一是事关中国在当时严峻的国际形势下的发展方向；二是事关中国自身的发展动力，用邓小平的话说，"开发浦东，这个影响就大了，不只是浦东的问题，是关系上海发展的问题，是利用上海这个基地发展长江三角洲和长江流域的问题"；三是事关中国能不能真正突破计划经济体制，探索出市场经济的新体制；四是事关社会主义制度的生命力，中国打破计划经济堡垒并不等于放弃有为政府，中国也不可能允许上海为了市场化创新，可以以牺牲秩序、承受混乱为代价。

有句话叫"欲戴王冠，必承其重"，国家给上海足够高的定位和期许，必然加上足够多的要求。不是要上海"闯红灯"，是要为中国探索新的信号灯系统。

因为是王牌，后面没有比王牌更大的牌了，所以上海必须胜利，没有退路。也只有浦东的探索成功了，上海东西联动也成功了，中国很多方向性的改革开放探索才会真正一锤定音。

多约束条件下的最优解

我在看资料时发现,浦东开发一直是:一边大讲创新,一边用"一流的纪律来加以约束"。

很早就设置的三条"高压线"是:任何领导干部,个人不准擅自决定对具体项目的政策优惠;个人不准决定工程发包;不准在征地、动拆迁中利用职权为亲属好友从中获利。

还有两道"防火墙"是:任何国有开发公司负责人不准擅自决定公司的资金拆借,不准擅自以公司名义为他人做资金担保。与此相关的涉及建设工程营造交易、社会资源配置、政府采购的制度,浦东建立得都很早。

中央给浦东很多试验权,浦东必须对得起这种信任。

1990 年 9 月,海关总署颁布文件,全国首个保税区——上海外高桥保税区正式命名。保税区建设从 1991 年启动,临近验收时,分管副市长赵启正提醒说:你们还是让海关提前来预验收一下吧。结果发现了一个问题。

保税区是海关监管区,"境内关外"是以铁丝网为界,而铁丝网的高度规定为 3 米。开建时以当时的杨高路为基准,杨高路海拔标高为 4.2 米,以此为标高修建铁丝网。结果到 1992 年海关验收时,新的杨高路建成,标高为 4.5 米,这导致铁丝网比要求矮了 30 厘米。预验收时,海关问:怎么矮了 30 厘米?

其实少 30 厘米,人也是爬不过来的,但与国家规定一对比,就有了缺陷。上海方面不是去变通，去做工作，而是保证一周内坚决改正。一周后，果真将铁丝网基础拔高了 30 厘米。"隔离设施都建得这么认真，以后对国家的法规执行也会同样认真。这反映了上海对国家规定、海关规定不折不扣地执行，让国家放心，上海的保税区不是走私区，是海关的监管区。"赵启正说。

1992 年 3 月 10 日，外高桥保税区通过了由海关总署和上海海关组成的验收小组会同上海市政府浦东开发办的验收，正式启用。

高压线，防火墙，铁丝网，听起来都是约束和限制，但却是浦东开发开放能够成功，并赢得更多国家任务的必要前提。

高标准，低容错；多约束，少擦边；要求严，机会成本高；重增量，也重存量；讲大胆创新，也讲严肃纪律。浦东在这样的环境中创出了伟业，在多约束条件下实现了最优解，也让社会主义市场经济的优越性更有说服力，更能向全国推广。

闯与创

我要回答的第二个问题是：浦东有很多特殊政策，内地怎么办？

浦东的确有特殊性，有几十个"全国第一"，如第一个国家新区，第一个金融贸易区（陆家嘴），第一个保税区（外高桥），第一个以"出口加工区"命名的国家级经济技术开发区（金桥），第一个自贸区。

浦东开发开放之初，中央给予了十条政策，如 15％企业所得税、10 年期"两免三减半"；区内自用物资免进口关税、增值税；外资搞基础设施，所得税"五免五减半"；外资可办银行及分行、财务公司；区内中资企业也可减免所得税;区内土地使用权有偿转让50年至70年;新增财税留给浦东新区;等等。加上后来允许浦东进行证券交易市场探索,中央给的政策可谓丰厚,用朱镕基的话说就是,"新区新区,不叫特区,不特而特,特中有特,比特区还特"。

但要把浦东的成果都归结为优惠政策,则大为偏颇。

一是浦东的政策,别的地方也都迅速借鉴,或"跑部前进"要政策。且越往后,中央对浦东的要求越是制度创新高地,而非优惠政策洼地。

二是市场经济是"抢"的经济,不是计划经济下,给谁一个政策就可以独占。说是金融中心,全国宣布要搞金融中心的城市有几十个;说是航运中心,宁波港的总吞吐量就比上海港要大;说是贸易中心,广东、浙江、江苏、山东的内外贸都很强;更不用说投资项目,上海就是周围城市的招商大本营,大家都来抢,而上海作为"老大哥",国家战略承载区,总不太好意思跟大家去抢,觉得那样格调太低。

在某种程度上,对浦东的要求都是中心化的目标,而资源的配置是分布式的。

浦东靠什么?归根结底只能靠制度创新,靠环境建设,靠聚集人才。这种高质量、高水平的闯与创的精神最值得内地学习。

举一个例子。国务院宣布浦东开发开放后,上海决策先行启动陆家嘴、金桥、外高桥三个功能区,要求抓紧组建三家开发公司,开展"七通一平"等工作。但三家公司没钱,也没地。当时上海的土地已由过去的划拨转为批租,要拿钱买地。买地要多少钱?以外高桥为例,市里出让给外高桥开发公司4平方千米土地,60元/平方米,要2.4亿元。找财政,财政也没钱。

"穷则思变"，保税区办公楼里一张不起眼的记账凭证触发了灵感。能不能以支票背书的方式，实现"资金空转、土地实转"？市财政局按土地出让价格开出支票给开发公司，作为政府对企业的资本投入并由工商局验证；开发公司再将支票背书付给市土地局，签订土地使用权的出让合同并经工商局验证；市土地局出让土地使用权后，将从开发公司得到的背书支票全部上缴市财政局，市财政局将土地收入的千分之四归中央，上缴给国家财政。通俗地说，就是政府、银行、公司在支票上同时背书。如此一来，各个环节就走通了。

外高桥就是靠"空转"来的 2.4 亿元起步，将"生地"转化为"熟地"，通过不断地投入开发，进入土地二级市场，并运用转让收入进行再投入、再转让，直到区域建成的。这成为当时的一种基本开发模式。"资金空转、土地实转"的创新很快被长三角其他区域借鉴，推动了各地开发区和工业园区的高速发展。

高占位，低身段

我在采访中发现，浦东开发开放的创新，不仅有自上而下的安排，更多是在自下而上的具体实践中，秉承问题导向和服务导向的探索结果。

比如以前国际化妆品公司进口一款产品大概需要 2 到 6 个月，对于季节性产品来说实在太长了。在上海自贸区保税片区，通过"证照分离"改革，2017 年 3 月浦东率先启动"非特殊用途化妆品备案管理试点"，从审批管理调整为备案管理，进口化妆品进入中国市场的时间一下子缩短到 5 个工作日,比如圣诞礼盒,就可以做到全球同步上市。欧莱雅公司举例说,他们旗下的一款清洁面膜,在运出原产国的同时,中国区的市场部门开始走申报流程,化妆品运到关口,备案文件已经到手。

又如全球多家著名生物医药企业都在张江落户。生物制品是风险较大的物品,价值高,需要冷链运输,对通关的速度要求特别高。浦东的检验检疫部门通过建立信息化数据库,帮助企业无纸化申报,以往此类物品从空运抵沪到交付于用户手中要一两个月,现在只要四五天。

2014 年浦东新区市场监督管理局正式运行,将过去的工商、质监、食药监三局合一,也是因为企业端的倒逼。在超市,过去一到"六一",质监和工商都来抽检童车的产品质量,如果各自都拿回去两辆检查,小的超市存货可能就不够了。一瓶去痘洗面奶,包装盒上的生产许可证由质监监管,清洗疗效和营养成分属于食药监范畴,洗面奶有没有涉嫌虚假宣传归工商局管。"三合一"后,超市方便多了,监管效率也大大提高了。

最近浦东正在积极推动审批成本趋零化,进一步探索"一业一证"试点,将改革着眼点从"以部门为中心"的单个事项改革,转向"以企业为中心",把一个行业准入涉及的多个审批事项整合为一张"行业综合许可证",一次办完。比如过去开宾馆不仅要办特种行业许可证、公共卫生许可证、食品经营许可证,还要拿到消防检查的相应证书,每办一张证都要排队、填表,前前后后至少两三个月,企业要组织专门的班子去办。"一业一证"改革后,鲁能集团刚好要把中国首家 JW 万豪侯爵酒店开到浦东,只花两周多就走完了办证流程,以后办证只要一个工作人员就可以了。

上海正在全力推进"一网通办"政务服务，就是将面向企业和群众的所有线上线下服务事项，逐步做到"一网受理、只跑一次、一次办成"。浦东是改革先行区，已实现 327 项涉企事项全覆盖，其中"全程网上办理、不见面审批"占 53％，"线下窗口只跑一次"占 47％。

浦东新区企业服务中心有一个"找茬窗口"。企业在办事过程中遇到任何问题和困难，或对政府服务有任何意见和建议，都可以来这个窗口"找茬"。浦东的各个窗口单位没有"否决权"，对不属于本部门的事项不设障碍设路标，引导企业找对路；对不符合申请条件的事项，不打回票打清单，告知企业怎么办；对法律法规不明确的事项，不给否决给路径，与企业一起研究监管新模式……这场"只说 Yes 不说 No"的窗口无否决权改革，是处理好政府与市场关系的新注脚。

浦东的站位很高，但从新区到街道、社区，都能降低身段，俯下身倾听基层的意见。很多改革并不是基于宏大口号，而是基于设身处地的同理心。

结　语

我在这篇文章里并没有书写浦东具体的经济成果，比如陆家嘴 285 幢商务楼宇中的税收亿元楼就有 102 幢，税收超 10 亿元楼有 30 幢，超 50 亿元楼有 4 幢。

我也没有写浦东的企业家。很多人觉得浦东是跨国公司和央企、国企的天下,其实最近十几年,浦东的民企蔚然而起。2020 年 7 月 22 日科创板开市一周年,当时科创板有 130 家上市企业,上海有 19 家,9 家来自张江。国家每批准 3 个一类新药,就有一个来自张江。

张江现在有 400 多家生物医药企业,大部分都是民企。我有一次坐飞机和邻座聊天,他讲到自己在张江还很荒芜时就到这里创业,见证了张江医药医疗产业的发展。临别时加微信,才知道他叫常兆华,是微创医疗的创始人,从国外回国创业。我有很多校友在药明康德,其创始人李革也是留学归来到浦东创业的。

有好环境,不出企业家才怪。在未来的高新经济中,上海企业家、浦东企业家会一批批地涌现,中国企业家群落出现多个类型的上海部落,将是大概率的趋势。

我在这篇文章中所写的浦东,是开放社会的朋友,是良序善治的标杆,是制度创新的推手。这些价值才是浦东最宝贵的社会资本,也是支撑浦东下一个 30 年的坚实根基。

30 年前,浦东承担了一个天命(calling)。但天命不是天定(destiny),天命的实现靠人为。浦东的 30 年,依靠一代代人的努力,没有辜负天、地、人的所有希望。

深圳是中国的惊喜,有点意外。浦东是中国的欣慰,大任堪当,没有选错。

未来 30 年、40 年,希望它们继续比翼齐飞,各擅其胜,舍我其谁!

第三章
绿水青山间的中国奇迹

展望中国乡村的未来，只要打好基础，找准产业，

发挥市场的力量，依靠有企业家精神的领头人，

真正改变人的精神面貌，再加上方方面面的协作，

中国乡村一定会走向现代化，

成为安康富美的同义词。

中国贵州丹寨，一个"轮值镇长"的乡村笔记

我生在城市，但对农村不陌生，因为父母的家乡都在河南贫困农村，我小时候曾在村里过寒暑假。上大学之后，我基本没回过农村，老家的人出来得也差不多了，但我仍关注"三农"问题。2018年世界消除贫困日（10月17日）的主题是"与落在最后面的人一起，建立普遍尊重人权和尊严的包容性世界"。不关心"落在最后面的人"，就不是有包容性的好社会。

截至2019年年底，中国已有9300万贫困人口实现脱贫，占到全部贫困人口的97％。中国最近一次制定的贫困线标准是2011年制定国家第二个十年农村扶贫开发纲要，将标准定为人均年纯收入2300元（到2020年，现价约4000元），各省可以制定更高的地方贫困线标准。脱贫不仅看收入，还要"两不愁，三保障"，就是贫困人口不愁吃、不愁穿，义务教育、基本医疗和住房安全有保障。

中国已经建立起一套涵盖责任、政策、投入、动员、监督、考核的

脱贫攻坚体系，最后的攻坚阶段最难。因为剩下的贫困人口，因病致贫的占 42％多一点，因残致贫的占 15％多一点，65 岁以上老年人占 17％多一点。病、残和贫困老人加在一起，差不多占 3/4。

一

农村扶贫到底如何？笔者曾用整整三天时间在国家级贫困县，贵州黔东南苗族侗族自治州的丹寨县进行调研。截至 2018 年 2 月，我国有国家级贫困县 585 个，贵州占 50 个，丹寨是 10 任省长的工作联系点。2014 年，万达集团将丹寨作为"企业包县，整体扶贫"的创新试点，引起了巨大关注。2018 年丹寨摘帽脱贫的标准是人均年纯收入 3535 元。

丹寨县面积 940 平方千米，人口 17.8 万，其中 4 万在广东等地打工。海拔 600～1200 米，年均气温 14.5℃，环境质量很好。三天里，我和县、村领导做了交流，到几个村做了采访，在万达集团捐建的丹寨万达小镇体验了蜡染、造纸等非物质遗产项目，看了《锦绣丹寨》演出，还在贵州万达职业技术学院（大专院校，是黔东南民族职业技术学院的分院）讲了一堂课，和 10 名贫困家庭学生开了座谈会。我希望通过这篇文章，帮助读者对扶贫攻坚有一个相对系统的了解。

在农村，无论是发展经济还是改善民生，首先要把基础设施建设好，最主要的是道路、水电、网络。

在以"高要梯田"闻名的高要村，我们看了 2002 年 7 月完成的人饮工程。中间一口井,是农民喝水的源泉;外边两圈,一圈给牲口喝水,一圈给农民洗衣服。丹寨县水利局在旁边立了一块"饮水思源"碑,上面写着:解决 1297 人、823 头大牲畜的饮水困难;提水装机一台,5.5 千瓦;蓄水池一个,80 立方米;输水管总长为 5807 米;工程投资为 14.05 万元。

14 万元投资就能解决这么多问题,可见基础设施的重要性。我和万达职业技术学院的贫困学生座谈时,几乎所有人都说,扶贫攻坚最大的变化是家乡通了公路,有了公共汽车。过去全是泥路,要是生个病,妈妈背着孩子去看病,遇到下雨,一路泥泞,雨水和泪水混在一起,走到诊所要几个小时。

基础设施是发展的基础,民生的基础,和外部世界联通的基础。没有基础,什么都谈不上。几年前我到云南怒江一个山村学校扶贫,电脑室堆满了爱心人士捐赠的联想和戴尔电脑,却没有打开,因为当地还没有通网络,电脑用处不大。我在各地调研中还发现,凡是选择修路,事后证明都是正确的;而搞园区开发,引进项目,弄不好就会事与愿违,因为产业要起来,涉及配套、物流等,并不那么容易。

二

农村解决基本温饱可以依靠政府与社会,但要奔小康、致富,还需要能和市场对接的产业的发展。

无论走到哪里,群众对政府在扶贫方面的投入都给予好评。比如村里的因病致残者、孤寡老人，均享受国家扶贫政策，实现应保尽保，确保实现基本生活保障。医疗方面，建档立卡贫困户的医疗费用实际补偿比例都在 90％以上。教育方面，建档立卡贫困户大学生的学费由国家教育扶贫资金全额解决，确保只要考上大学就能读得起，同时丹寨县全面落实了对从学前教育阶段到高中教育阶段各级各类学生的资助政策，已经实现了建档立卡贫困户学生的精准资助全覆盖、零遗漏。

社会力量也很大。万达集团投入 5 亿元成立了丹寨扶贫专项基金，用于兜底扶贫。2016 年第一期基金惠及全县 3.82 万名建档立卡贫困人口，孤儿、五保老人、重残户按照每年 2000 元/人进行救助，一般贫困户按照每年 1224 元/人进行救助。2017 年第二期基金惠及全县 4.45 万名建档立卡贫困人口，对其中 4240 名鳏寡孤独及重残等特殊困难人口，按照每年 2000 元/人进行救助，对 10025 名因灾、因病、因学等致贫的贫困人口，按照每年 1100 元/人进行帮扶，对 30198 名有劳动能力、能发展产业增收的贫困人口，按照每年 1010 元/人进行生产奖励补助。

政府投入加上社会捐助，农村基本不存在温饱未解决的问题了，但也不是只靠政府和社会发钱。丹寨扶贫有个政策，"不养懒汉"，如果有劳动能力，也给了劳动创收机会，扶贫对象还是不劳动，政府会停发扶贫救济。这说明扶贫的同时也强调引导。前不久我去北方某省，当地政府出几万元钱帮贫困户解决住房问题，结果有的贫困户一家几口人，盖了两三百平方米的房子，但屋内空空如也，又要政府"看着办"，这显然就是一开始引导得不够。

贫困农村真正要奔小康、要致富，靠救济是远远不够的。这需要产业,需要和市场对接,需要致富带头人。

卡拉村曾是丹寨最穷的村之一,"卡拉"在苗语中的意思就是最犄角旮旯的落后地方。现在,卡拉村则走在全县致富前列。村支书王玉和是鸟笼工艺传人。鸟笼工艺在村里有几百年的历史,几十年前还有几个老人有这种技术,懂得七八十道工序。王玉和向他们学了手艺。他刚当村支书时,村里有 120 户人家,吃不上白米饭,生活要靠政府救济。20 世纪 90 年代,他带着手工做的鸟笼到昆明花鸟市场卖。从昆明回丹寨,路上要花一个星期,在火车、汽车上,他一刻也不敢睡觉,怕钱被偷。但从此,他找到了一条和市场对接的致富路,也成了卡拉村的致富带头人。现在,卡拉村有 171 户人家,602 人,比当年还多了 50 户,其中 120 户生产鸟笼,主要是中老年人。卡拉村形成了"一村一品"的致富模式,最贵的鸟笼要卖 3600 元。

为了保证市场秩序,村里成立了鸟笼协会,统一进原材料楠竹和水竹,发给农民,按照一只鸟笼 50 元的工钱计件。销售由鸟笼协会统一负责,农民也可以自己销售,但必须按照一定的价格标准,不能过低,否则要处罚。这保证了市场的稳定。现在也不需要出门销售产品了,网上销售就可以。2017 年,卡拉村生产了约 12 万只鸟笼,农民的收入达 600 多万元。

由于鸟笼经济火了,卡拉村名声在外,到丹寨的很多游客也会来卡拉。全村有 28 户人家搞农家乐,最出名的美食是"斗鸡宴"。2017 年,农家乐收入达 800 多万元,超过了鸟笼的收入。农家乐加鸟笼,全村收入合计 1400 多万元。卡拉村有 238 亩土地,拿出了几十亩,设置成蜡染等"非遗"项目的体验基地,这又是一门生意。我碰到了"90后"苗族姑娘张义苹，她出生在丹寨县扬武镇基加村，小时候跟母亲学习苗族蜡染技艺，2016年在县里成立了蜡染公司，把传统手工艺和现代服饰、真丝披肩、手袋等融合起来。她在卡拉村也设了一个基地，当天她在张罗接待省外一所职业学校的实习学生，有100多人，忙得不可开交。

在马寨村，我考察了由万达集团企业文化中心创新设计的扶贫茶园项目。基本模式是：当地村民把土地流转给扶贫茶园项目组（这些地荒了好几年，所以没有化肥一类的残余），干一天活可以拿到现金100多元。扶贫爱心人士每年出资4900元，认领一亩茶园（或出资490元认领一垄），认领费的依据是：承包茶园土地流转费450元（含认领者名牌费），茶农劳务费每亩1300元，其余是茶园生产和运营成本。

当地茶农告诉我，丹寨海拔1000多米，山清水秀，常年云雾缭绕，茶树无公害、无污染，土壤富含硒、锌等微量元素，所以这里的"丹红""丹绿"茶质量很好，通过了欧盟认证。万达企业文化中心帮助设计了一款线上H5产品，通过线上认领，以销定产，解决了销售问题。认领者通过互联网可以看到被帮扶茶农的具体个人、家庭信息，以及每年领取工资的信息。相比直接出资扶贫，扶贫茶园的模式是授人以渔，把扶贫款作为劳动报酬发到贫困茶农手中。

像王玉和、张义苹这样的人，其实是有企业家精神的人。王玉和说，经过努力，卡拉村现在的贫困户只有3户8人。如果不发展产业，靠人均0.3亩的耕地，怎么也养不活自己。经济上去了，村里很和睦，"纠纷不出村"。发展产业需要金融服务，卡拉村是贵州农村商业银行丹寨分行认定的"信用村",对村民进行信用评级,如果是金卡诚信户,可以给予100万元的无担保贷款;如果不讲诚信,被评进"黑名单",则一分钱也贷不到。

三

贫困地区的发展,最终真正起作用、实现长治久安的不是搞几个扶贫项目,而是改变人的精神面貌。

2015年11月,中央召开扶贫开发工作会议,强调用"五个一批"的措施,到2020年让7000多万农村贫困人口全部摆脱贫困,即发展生产脱贫一批,异地搬迁脱贫一批,生态补偿脱贫一批,发展教育脱贫一批,社会保障兜底一批。各地情况不同,方法也不同。在丹寨,我欣慰地看到发展旅游产业,产业脱贫。这是内生的、可持续的。

在丹寨扶贫过程中,万达集团发挥了重要作用。万达2014年对丹寨整体扶贫后,从全国抽调151人的队伍入驻丹寨,调研整整一年,做了70多份报告,最终确定了"教育治本、产业引血、基金兜底"的长、中、短期兼顾的旅游扶贫路径。长期项目是投资3亿元捐建贵州万达职业技术学院,通过教育提高人口素质。贵州万达职业技术学院于2017年9月1日正式开学,截至2018年,有900多名在校生,分财经、旅游、护理三个专业,毕业后万达择优录取50%的毕业生进入万达工作。中期项目是投资7亿元捐建丹寨万达旅游小镇,占地400亩,采用苗寨风格,引入丹寨特有的"非遗"项目、民族手工艺、苗寨美食、苗医苗药等。丹寨万达旅游小镇于2017

年 7 月 3 日开业，到 2018 年年底已经接待了 700 多万名游客。短期项目是投入 5 亿元成立丹寨扶贫专项基金，每期 5000 万元，全面覆盖贫困人口。

丹寨万达小镇由万达投资建设，产权归属丹寨县，等于万达捐给了丹寨一笔资产，丹寨县为完善小镇周边公共配套设施也投资了约 2 亿元。小镇直接吸纳就业人员 1390 人（其中贫困户 751 人），就业人员的平均月工资 3000 元；间接带动了蔬菜种植、养殖等产业。小镇上的 136 家地方特色餐饮店与丹寨县 81 个村级种养殖产业合作社签订了农产品直供协议，带动 7600 多名贫困人口通过参与产业发展实现增收，户均增收 2600 多元。像"云上苗家"这一餐厅，与 2 个贫困村的合作社签订了保底收购协议，日均订购斗鸡 60 公斤、蔬菜 130 公斤；像兴仁镇台辰村的农民吴明超，带动村里 5 户贫困户 22 人发展了 18 亩优质西瓜和 3150 亩林下养鸡，全年在小镇销售 42 万元，人均增收超过 4600 多元。小镇的人气还带动了周边卡拉、泉山、石桥等 27 个景区和旅游村寨持续"升温"，间接带动 1000 多户贫困户增收。

万达集团投资建设丹寨万达小镇，丹寨县的收获还在于，从万达人员的日常管理与运营中，学到了旅游文化产业的招商、运营、营销、管理方法。丹寨小镇井井有条，不少游客说像一个欧洲小镇。没有人随便丢垃圾，文明程度大大提高了。这在以前是无法想象的。而且，万达品牌代表了一种标准，小镇接入的商户以万达标准为要求，这就间接提高了整个丹寨对产品和服务品质的认知水平。

丹寨万达小镇不是行政单位，而是一个旅游小镇，定位是打造非物质文化遗产旅游胜地。丹寨是"非遗"大县,拥有国家级"非遗"项目 7 项,省级"非遗"项目 17 项,州级"非遗"项目 25 项,各级传承人 288 人。万达小镇有 330 个店面,进驻的"非遗"项目有 30 多项,如苗族蜡染、鸟笼制作、皮纸制作、苗族刺绣、苗族服饰、苗族银饰锻制技艺等,还有锦鸡舞、芒筒芦笙舞、古瓢舞等演出。经营"非遗"相关项目的有 31 家企业和 69 户个体户,这就把旅游和文化很好地融合起来,打造出蜡染小院、古法造纸小院等体验式景点。古法造纸小院的"非遗"传人潘玉华说:希望通过小镇这个平台,展示出良好的形象,再将游客吸引到"非遗"文化的发源地石桥村去,那就能把生意做得更大。

在我看来,万达对丹寨最直接的作用是将丹寨变成了一个"网红县"。到 2018 年为止,经过万达邀请、县政府认可,丹寨小镇一共聘请了 60 多个"轮值镇长",我是第 63 任。我们这些来自各行各业的镇长的责任就是借助自己的力量和资源,让更多人认识丹寨、帮助丹寨。丹寨小镇策划了各种参与度很强的活动,如国际"非遗"交流、祭尤文化节、跨年音乐节、五大洲"世界小姐"苗族婚礼秀、"万达好声音"、万人长桌宴等等,帮助小镇与 131 家旅行社快速签约,完成 202 条旅行线路产品上线,与携程等 6 家主流在线旅游平台达成战略合作;全国很多万达广场设置了丹寨小镇的宣传点,进行了很多联动营销。

我的"镇长助理"是本地女孩子,以前在黔东南州电视台工作,有了万达小镇后,她跳槽回了家乡,工作既热情又专业。这样一批懂市场、会推广、善交流的新丹寨人,是丹寨未来发展的宝贵资本。

四

中国的脱贫攻坚任务已经完成，但乡村振兴刚刚开始，乡村建设人人有责。

在政府和社会的帮助及贫困人口的努力下，中国到 2020 年让农村贫困人口全部摆脱贫困的任务如期完成。丹寨也于 2018 年摘了"帽子"。在丹寨小镇，作为一个任期三天的镇长，我感受不到贫困，到村里才有感受。我觉得中国乡村建设的主战场很快会转向更高层次的乡村振兴。扶贫还需要，因为总体脱贫是按贫困户比例占总户数不到 1.5% 来计算的，那就说明还是有贫困户的，而且返贫情况也依然存在，不能掉以轻心。

但总体来看，要上新台阶了，也就是按照产业兴旺、生态宜居、乡风文明、治理有效、生活富裕的总要求，在农村建设现代化经济体系，建设美丽中国，传承中华优秀传统文化，健全现代社会治理格局。新的主题是农业强不强、农村美不美、农民富不富。

此次调研让我欣慰的还有一点，就是农村的治理比想象的好。我最担心农村两个问题，一个是垃圾的处理，一个是基层扶贫款的使用。因此特地调研了有关情况。

就污水处理来说，丹寨县 2009 年在县城建了日处理能力 3000 吨的污水处理厂，2014 年在开发区建了日处理能力 5000 吨的污水处理厂，2016 年在兴仁镇建了日处理能力 600 吨的污水处理厂。全县污水处理率得到了有效提高。

就垃圾处理来说,丹寨县 2014 年建了垃圾填埋场,将县内的生活垃圾转运到垃圾填埋场进行填埋。2017 年黔东南自治州建设了三个无害化垃圾焚烧发电厂,排放标准均符合国家要求。因丹寨县靠近凯里垃圾焚烧发电厂,县里将生活垃圾全部转运至凯里垃圾焚烧发电厂焚烧。丹寨县采取"村收集、乡镇转运、县处理"的方式,每天由各村保洁员将村内各家各户的垃圾收集到固定的垃圾堆放点,乡镇每天将各村垃圾堆放点的垃圾转运至乡镇垃圾中转站,县市政部门每天将乡镇垃圾中转站的垃圾转运至凯里发电厂焚烧。全县生活垃圾无害化处理率不断提高。

关于基层扶贫款的使用,丹寨县建立了"一联四包"制度,即县四大班子主要领导联系乡镇,县四大班子成员和县级干部包乡镇,县级干部和乡镇领导干部同时包片,部门包村,干部包户,全县 6 个乡镇 161 个行政村(居)实现了单位帮扶全覆盖,帮扶单位在各村成立了减贫摘帽攻坚队,每一个队员负责村内 10 户左右的群众。这实现了丹寨县各级干部对扶贫款的使用和管理的共同监督,确保了基层扶贫款专款专用。

五

提高贫困人口福利的决定性因素是人口素质,以保证贫困人口在面临更好的机会时也能积极响应。

离开丹寨、卸任镇长的时候,我说:丹寨小镇是一个来了以后还想再来的小镇,不仅是因为美丽的大自然,更是因为我在这里看到了中国乡村的变化，看到了丹寨人在社会帮助下努力改变自己命运的创造力，不虚此行，收获满满。

诺贝尔经济学奖得主西奥多·舒尔茨教授曾说：世界上大多数穷人以农业为生，如果我们懂得农业经济学，也就懂得了穷人的经济学；如果我们懂得穷人的经济学，也就懂得许多真正重要的经济学原理。他认为，经济学家不懂的是穷人和富人一样渴望改变他们自己及他们孩子的命运。提高穷人福利的决定性因素是人口素质，不是空间、能源或耕地。穷人不是住在无法突破的"贫穷均衡铁笼"中的囚犯，并不存在一股足以阻止人们放弃挣扎、追求经济发展的势不可当的力量。穷人在面临更好的机会时也能够积极响应，因为新机会的出现及激励机制会影响人们的预期。这些激励体现在农民出售农产品的价格及他们购买的产品和服务的价格上。

舒尔茨说，全世界的农民在权衡成本、收益和风险时，心中都会有一本账，他们都是精打细算的"经济人"。尽管农民因接受的教育、健康状况和经验不同，观察、理解及对新信息的反应能力也有所不同，但他们具有一种关键的天赋，即企业家精神。

当我们回顾改革开放四十余年，回想当年小岗村村民的壮举时，应当相信，只要给农民开明的政策和激励，不阻拦机会，他们就有可能走出贫困，绽放出巨大的能量。

展望中国乡村的未来，只要打好基础，找准产业，发挥市场的力量，依靠有企业家精神的领头人，真正改变人的精神面貌，再加上方方面面的协作，中国乡村一定会走向现代化，成为安康富美的同义词。

那土那田那人

另一个传奇

当我在深圳南山的酒店开始写这篇文章的时候，窗外的夜色中，到处流光溢彩，远处大厦的玻璃幕墙上，"先行先试，敢闯敢试"等字样不断滚来。这个 40 多年前还是个小渔村的地方，带给我们太多关于传奇的感慨。

而我要写的这个地方，是另一个传奇。只是因为它太远，很多人只闻其名却从未去过。这个地方，叫北大荒。

广义的北大荒是指黑龙江省所有未被开垦的土地。今天人们所说的北大荒，是指黑龙江、松花江、乌苏里江汇流的区域中，那片横跨 10 个经度、纵贯 7 个纬度的国有农场垦区，总面积 5.54 万平方千米，差不多有 9 个上海市那么大。北大荒南部的全年平均气温为

2.6℃,北部更低至－3.5℃。冬季最低气温平均在－30℃,全年无霜期平均只有四五个月。

"呼气为霜,滴水成冰,赤手则指僵,裸头则耳断",这是过去对北大荒气候条件的真实描写。到了夏天,这里荒草遍野,沼泽遍布,蚊虻成阵,老虎和狼群出没,人迹罕至。

然而就土壤来说,这里又是世界三大黑土地带之一①,地势平,土质肥,有机质含量大都在5%～8%,雨水足,夏季日照长,全年太阳辐射量几乎与长江中下游地区相同。这些条件非常利于农作物生长,北大荒因此也有"抓把黑土冒油花,插上筷子也发芽"的美誉。

最早对北大荒进行战略规划的是日本军队。20世纪30年代,日本占领东北后曾组织"开拓团"进入北大荒,计划未来在这里移民百万户,500万人。

2020年10月11日,"北大荒建三江—碧桂园无人化农场项目"在建三江七星农场举办农机无人驾驶作业现场演示会。

借着这一机会,我第一次走进北大荒。垦区现有耕地4448万亩、林地1362万亩、草地507万亩、水面388万亩,下辖108个农(牧)场,分布在黑龙江12个市,总人口162.3万人,从业人口53.2万人。

我一直以为中国产粮第一大省是我的老家河南,这次才知道,黑龙江是第一,河南、山东次之。

中国人端的饭碗,每9碗中有1碗来自黑龙江。

黑龙江产的粮食,每4斤中有超过1斤来自北大荒。它是名副

---

① 作者注:另两大为乌克兰平原黑土区、密西西比河平原黑土区。

其实的"北大仓""中华大粮仓",是中国粮食安全的一块"压舱石"。

献身精神

"北大荒精神"有四句话,即"艰苦奋斗、勇于开拓、顾全大局、无私奉献"。北大荒农垦集团(农垦总局)副总经理郭宝松说:过去我们一直讲,在北大荒就要准备好,"献了青春献终身,献了终身献子孙"。

一部北大荒的历史,就是一部拓荒史,也是一部创业创新史。

1947年春,在中共中央东北局财经委员会召开的会议上,陈云、李富春指出:东北行政委员会及各省都要在国民党难以插足的地方试办公营农场,进行机械化农业生产试验,以迎接全国解放。

1947年至1949年,第一批国营农场建立。当时的松江省人民政府主席是冯仲云,他派自己的秘书李在人带了16个干部、战士开荒建农场。他们在野外找到三辆日本人留下的破旧拖拉机,白天踏查荒地,夜里防着野狼侵袭,住的是自己搭建的不避风雪的马架子,睡的是木杆拼凑的铺板,吃的是玉米碴子和窝窝头,历经周折,建起东北地区第一个国营农场——松江省营宁安机械农场。

在东北解放战争中,有许多解放军战士伤残,兴办农场成为安置"荣誉军人"的途径之一。1949年,"荣誉军人"们在北大荒办起了伊拉哈荣军农场和松江省伏尔基河荣军农场。

1954年,苏联政府向中国赠送了可供30万亩耕地使用的机械设备,国务院决定在北大荒建立国营友谊农场。垦荒大军昼夜奋战，一个多月就开荒 30.5 万亩，部分土地当年播种当年收获。

同年，时任解放军铁道兵司令员王震从北京到北大荒汤原县看望一支等待转业的铁道兵部队，意外发现这里是垦荒、搞农业机械化的好地方。他向中央建议，由铁道兵组织退伍官兵在北大荒屯垦戍边、垦荒建场，获得批准。10 月 14 日，铁道兵副师长余友清带队进军密山荒原，在当年日本"开拓团"的废墟里挖出 100 多万块砖。1955 年元旦，他们按照部队番号在场部门口挂起了中国人民解放军八五〇部队农场的牌子。铁道兵第一个军垦农场诞生。4 月正式开荒，由于机械不足，余友清带头试验靠人拉犁，战士们排着长队，喊着号子，人拉犁杖。1955 年开荒 14.4 万亩，其中人工开荒占 32%。

此后，王震组织了 9 个师的铁道兵转业官兵分批分期进军北大荒，建成了一个农场群。

从 50 年代末到 70 年代，北大荒先后迎来了几批垦荒人："右派分子"、十几万复员军人、数十万上山下乡知识青年。他们在这里留下了很多顺口溜，比如"北大荒，好地方，又有兔子又有狼，就是缺少大姑娘"，"早起三点半，归来星满天。啃着冰冻馍，雪花汤就饭"，"早晚看不见，地里三顿饭"，"农工农工三件宝，镰刀绳子破棉袄"。不仅生活条件艰苦，很多农场位于深山老林，不通电、不通邮、不通车，和上级联系靠发报机，想寄一封家书甚至要到几十里外的镇里去。

2005 年，北大荒博物馆落成。在 25 米长的铜墙上，刻着 12342 名长眠在黑土地上的转业官兵的名字。在北大荒历史上，有 5 万多转业官兵、支边青年和知识分子把生命献给了这里。

科技力量

以前总觉得,中国农业劳动生产率低下,耕地碎片化,机械化水平很低。而当北大荒一望无际的农田扑入眼帘,我才明白中国也有大规模经营的现代农业。

北大荒的农业从业人员人均占有 104 亩耕地,主要农作物耕种收综合机械化水平达到 99.9%。

这次农机无人驾驶作业现场演示会选在"中国米都"建三江。建三江是北大荒农垦总局下设的一个管理区域,面积 1.24 万平方千米,耕地面积 1141 万亩,有 15 个大中型国有农场。建三江年均产粮约占全国的 1/100,粳稻年产量占全国的 1/20。其农业劳动力人均年产粮为 85 吨,是中国第一,远高于发达国家平均水平。

在建三江,中国和世界最先进的农机公司的产品都在使用。

2020 年 1 月我在拉斯维加斯参加消费电子展,对美国著名农机设备公司约翰迪尔公司(John Deere)推出的新型四履带拖拉机印象深刻。它的两只长臂上的感应器可以根据风速、气压、气温等参数自动调整喷洒农药和灌溉的最佳方案,帮助农作物除草、抵御病虫害,被誉为"履带上的高科技办公室"。

建三江管理局的领导说,农业是一切产业中最复杂的,因为每时每刻的温度、湿度都不一样。农业现代化的最终目标是智能化,所有农机设备都能收集数据,通过人工智能的处理,给出每个环节的最优解。

　　1977 年夏,时任黑龙江省国营农场总局第一副局长的赵清景到北京参观"世界先进国家农机设备博览会",震惊地发现"我们的农机设备比人家落后了半个世纪","再也不能闭关自守了"。于是,垦区花了 107 万美元购置了约翰迪尔公司生产的一整套农业机械及大型喷灌设备,在友谊农场五分场二队试点作业。1978 年,运用农业机械后,当年实现了 20 个农业工人耕种 18540 亩土地,人均生产粮豆 10.67 万公斤的成绩。赵清景回忆说:"那时二队的农机驾驶员穿着白衬衫,坐在全封闭带空调的驾驶室里,可神气了。收割、脱粒好几道工序一次完成,一大片庄稼转眼之间就收割完了。"

　　1980 年,北大荒用日本的资金创建了耕地 30 万亩的洪河农场,1983 年又用世界银行的贷款建设了 300 万亩的二道河、鸭绿河两个新型农场。

　　1983 年 8 月 7 日,邓小平到友谊农场五分场二队考察,赵清景向他汇报了农场的发展情况,他不时点头表示赞成。后来有人说,小平同志在深圳画了圈,确定了中国城市改革的方向;在友谊农场点了头,肯定了中国农业加快改革开放实现现代化的道路。

　　1985 年 7 月 26 日,王震到友谊农场五分场二队视察。他看到一台自动式大型喷灌机张开巨臂移动,给大豆喷水浇灌;看到农用飞机低空飞行,喷洒农药治虫;看到大马力的巨型联合收割机来回驰骋,收割麦穗,高兴地说:"果然是现代化试点,大农业、大机械、大气派!"

　　今天的建三江,正在探索建设"无人农场""智慧小镇",构建天空地一体布局、人机物全面互联的现代农业发展格局。通过运用高分一号光学遥感卫星高分辨率对地观测系统,建三江已经建立了国家首批农业物联网应用示范项目——七星农场农业物联网综合服务信息平台。

目前七星农场已铺设通信光纤 368 千米,在田间建设了 200 个视频摄像监测点、20 个小型气象站、20 套地下水位监测装置,覆盖全场 122 万亩耕地。

在信息中心,30 个显示器组成的巨幅电子大屏,可以显示通过各种设备、各类传感器和摄像头上传的田间土壤、农业气象、空气温度与湿度等信息,同时每一台农机设备的作业状态、作业数据、卫星定位、作业轨迹等信息都能实时出现在屏幕上。工作人员可远程监控无人化农机设备在不同的田块内进行自主生产作业。

通过平台,生产者用手机可一键查看作物水肥管理指标、劳务用工、粮食价格走势等生产要素信息,管理者可对种植户土地发包、合同签订、农产品质量安全追溯、农机实时作业、病虫草害发生情况、作物生育进程等进行实时监控。

北大荒,北大仓,现在正在变成"北大网"。

体制机制

为什么北大荒能够成功地发展出规模化、现代化的大农业、高效农业?这背后有什么体制机制方面的原因?

改革开放后,广大中国农村纷纷走上了包干到户、包产到户的道路,北大荒作为国营垦区也面临着重大选择。一方面,高度集中运行的农垦经济缺乏活力,发展缓慢;另一方面,如果把一切都分到家庭，垦区的机械化和科技优势将很难发挥。

于是，一方面，北大荒从农场统管、统种、统收到建立独户和联户的家庭农场，再到职工分户经营，家庭农场生产费、生活费完全自理，调动个体的积极性；另一方面，整个农业技术服务体系并没有拆掉，而是继续保留。

一位亲身经历农垦改革的老同志说："垦区是 1983 年 10 月开始联产承包责任制改革的，当时我在一个农场连队当农机技术员。记得 11 月下雪后大家开会讨论怎么改革。最后决定，地分给张三、李四等个人，每个人 100 亩左右，一些农机具也折价卖给个人，个人暂时不用出钱，约定几年内还清。但是，和生产资料物资相关的服务体系没有拆，比如农机分了，但这些农机什么时候保养、维修，在什么地方停放，什么时候出去作业、给谁作业，这些产前的服务仍是农场集中统一管理、统一安排、统一调度。这就是'统分结合'，土地分了，机械分了，但管理继续统一。个人为什么接受这种统一呢？因为多年形成的服务体系是有价值的，我告诉你什么种子好，什么样的农机措施好，联合拖拉机进行哪些改装才能更好作业，还给你进行保养维修服务的指导。整个农业技术队伍没有散，服务体系一点没有削弱。"

这位老同志说，农垦的这种改革模式和美国的大农场体制很相似。"在美国，80 岁的老人还可以经营 200 公顷的农场。因为所有服务都可以通过农情系统的服务平台预约（过去通过电话，现在通过电脑）。平台告诉你这个地区的土壤什么时候的含水量是多少，可以开始播种了。电脑上一点，播种公司就来了；再一点，春耕管理和化学除草的队伍就来了；秋天的时候再一点，秋收队伍来了；收割完,翻地的队伍又来了。这些服务的背后是金融服务系统,提供全周期的服务。农场的法人只要在电脑上一点,金融公司就把钱直接付给相关的各个服务公司;年底收成后,再一点,粮食就卖给张三李四的公司了;张三李四的公司把钱交给金融服务公司,金融服务公司剔除所有支出,把剩余的全部返到农场法人的账户。"

北大荒集团的改革创新,把家庭农场的活力和统一的农业技术服务体系相结合,事后证明很成功,而且可持续。而其他很多地方,由于无法实现规模化生产,农业服务体系也散掉了,所以劳动生产率始终上不去。

黑龙江是人口净流出的省份,但在建三江,一年还有 200 名左右的涉农大学生愿意到这里工作,因为收入相对比较高,也有上升通道。黑龙江很多地方的大学毕业生的起薪在 2200 元左右,而在建三江,可以拿到 5500 元左右,加上年底的效益分红,一年有 10 万元左右的收入,而且很稳定。

在别的地方,农村土地承包,家庭不用交一分钱承包费;在北大荒,承包一亩土地一年平均要交 350～450 元租金,而且是先交钱。这笔钱被用来维持整个技术服务体系,提升方方面面的能力,为包地职工创造更大收益。以大豆为例,黑龙江全省的大豆亩产量大概在 220～240 斤,而北大荒的大豆亩产为 300～350 斤,2020 年甚至达到 375 斤。农垦职工承包的大豆种植田地平均为 150～200 亩,而在农村里,一户只有 30～45 亩。由于规模优势加上单产优势,北大荒的劳动生产率远远高于一般农村。

统一的服务体系对农业生产的产前和产中都负责,但不负责产后的销售,因为产品的销售是农垦职工的自由,谁给的价高,就可以卖给谁。这叫"统前不统后"。如果农垦总局包销粮食，年初定个兜底的价格，一旦市场波动，秋粮价格上升，包地的职工就会认为"被坑了"。

关于农机服务，现在主要依靠第三方社会化服务。政府为了推动农机跨区作业，出台了一个优惠政策，就是走高速公路国家不收钱。很多农机服务商都是"夫妻店"，利用农时的不同出租农机。比如安徽的水稻是 7 月底至 8 月初收割，农机服务商就沿着安徽、河南、河北、天津、山东，依序一路收割，最后到建三江。但不管是外地的服务商还是本地的农机合作社，他们在建三江提供农机服务，也是要由建三江农机管理局在平台上统一安排的。管理局统一安排的最大好处是确保收割规模（如保证 2 万亩），它根据各个农场自有农机情况比，确定如何分配，分配多少，并出台服务的指导价格（如一亩 20～25 元）。对服务商来说，他们最怕的是农机开过来了找不到活，或者活不饱满，因此他们乐于接受统一的管理。

也许北大荒的做法有其特殊性，但通过什么样的体制机制，确保农田的运营可以得到有价值的农业技术服务、有管理的社会化服务，以提高其效率和质量，这是一个真问题。

重新种田

最后要说一下碧桂园和北大荒、建三江共同推进的无人化农场项目。

在 2020 年 10 月 11 日"北大荒建三江—碧桂园无人化农场项

目"农机无人驾驶作业现场演示会上，来自国内外的 17 家头部智能农机生产企业的 44 台/件农机设备演示了无人农机收割运粮协同作业。借助卫星导航定位，收割机匀速直线推进，遇到尽头的田埂自主转向掉头，不一会儿机身仓储就显示已经装满。此时后方无人驾驶的接粮机"闻讯"赶来，两车默契协同作业，收割机准确地将稻谷转移到运粮机上，90 秒后运粮机显示已经满仓，很快自主转弯掉头回仓。

此外，现场还演示了无人化水田筑埂、搅浆、插秧、旱直播、飞防、秋翻地、旋地，以及无人化旱田灭茬、翻、耙、起垄、播种、喷药等 20 多项无人农机作业，涵盖了水稻、玉米、大豆三大农作物的耕、种（插）、管、收、运的全过程。

中国工程院院士、华南农业大学教授罗锡文表示："这是目前国内外针对主粮作物的规模最大、参加试验示范的农机设备最多、作业环节项目最全、无人化技术最先进、农机田间作业无人化程度最高的项目，也是全球首个超万亩的无人化农场试验示范项目。"

作为世界 500 强企业，碧桂园进军现代农业，源于创始人杨国强"重新回去种田"的梦想。杨国强是农民出身，1978 年洗脚上田，当了第一代农民工。"40 多年前我种田，40 多年后我还是回去种田"，这是他这几年内心里越来越强烈的愿望。

杨国强说："每当我想到世界上还有 8 亿多人处于饥饿状态，想到全世界的荒地比中国的耕地还多，想到中国这个 14 亿人口的大国一定要把饭碗端得更牢，就觉得我应该回到农业，从哪里来，到哪里去。今天的技术发展，让很多过去不敢想的事情都可以去试一试。如果我们能够在农业方面做出一些贡献，那比碧桂园到今天的全部成就都要大得多。"

杨国强现在把大量时间都花在农业上。碧桂园在武汉建立了"中国种谷"，推进种业发展；携手湖南国家杂交水稻中心，与马达加斯加共和国农业、畜牧业和渔业部合作，推动杂交水稻在马达加斯加的产业化发展；碧桂园农业公司投资建设运营了广东德庆贡柑产业园、云南保山农业科技园、湖北天门农业科技园、广东连樟村现代农业科技示范园等优质项目。

2019 年 10 月，碧桂园农业控股公司与北大荒集团建三江分公司签署合作协议，联合国内外头部农机制造、智能农机装备企业，以及高等院校和科研机构，在建三江打造超万亩的"管理可量化、数据可利用、经验可复制"的无人化农场试验示范项目。项目实施近一年，预计到秋季作业结束，在水田搅浆整地、插秧、植保、收获及旱田整地、播种、镇压、中耕、植保环节累计实现无人化作业的面积将达到 1.6 万亩。

在水田种植方面，通过智能化浸种催芽、智能化育秧硬盘生产、智能化叠盘暗室出苗、秧田智能化温湿控制、无人搅浆整地、无人驾驶变量侧深施肥插秧、智能叶龄诊断、智慧灌溉、智能无人收获等技术，种子用量减少 10%，缩短育秧时间 7～9 天，出苗率、秧苗素质大幅度提高，肥料利用率提高 15%～20%，亩减肥 15% 以上，稻谷收获损失减少 2%～3%，亩节省人工成本 25 元。

在旱田种植方面，通过对拖拉机、高地隙自走式喷药机、收割机进行改装升级，实现了播种、植保（变量施药）、中耕、收获、翻地全程无人化作业，作业质量、作业标准大大提升，减药 15%～20%，亩节省人工成本 10 元。

目前,北大荒和碧桂园合作的建三江无人化农场试验示范项目已经突破了农机无人驾驶、作业协同、多机联动、自动避障、集群调度、远程控制、智能决策等关键环节。未来两年计划普遍实现多种无人农机遇障绕行、作业协同和多机协同的大规模机群作业,实现现场无人监控的无人驾驶,实现智慧平台数据分析与智能决策等,最终构建一套农作物耕种管收运全流程无人化作业和无人化农场建设运营的系统解决方案,推进农机向智能化和无人化方向发展。

藏粮于技

为什么一定要走向智能化和无人化农场的方向?

我和北大荒、建三江管理局的领导交流时,发现中国农业的最大隐忧还不是大多数地方的农业生产活动主要依靠人力、畜力,生产集约化程度低,"靠天吃饭",而是随着农村人口大量涌入城市,"80后"不想种地,"90后"不懂种地,"00后"不问种地,农村留下的基本都是老人。

一位领导说:"我是第二代农垦人,从大学毕业就到农垦干了一辈子,快退休了,我最大的担心是第三代农垦人还会有多少。现在几乎没有'70后'以下的农民。即使春天插秧的人工达到700元一天,也没有人愿意干。联合收割机手最贵,1个月的收入可以达到10万元。"

长远的出路只能是给农业插上科技的翅膀,实现耕种管收全过程的少人化和无人化,提升生产效率,为解决农村人口老龄化、农业劳动力短缺寻找突破口。

而随着北斗卫星导航定位、5G、物联网、大数据、区块链、机器人、人工智能、智慧气象等现代信息技术的加速发展，发展大型无人化农业也有了坚实的科技支撑。

中国的粮食安全战略是"以我为主、立足国内、确保产能、适度进口、科技支撑"。显然，未来农业的出路是既要藏粮于地，又要藏粮于技。

除了碧桂园，很多科技巨头也都在"下注"农业。阿里启动了"数字粮仓"计划，计划投资建设100座数字产粮基地。华为、京东、腾讯等宣布进军智慧农业。和它们有所不同的是，碧桂园试图参与打造覆盖从研发端、生产端到销售端的全产业链现代农业。

碧桂园智能农机设备部总经理董伟说，碧桂园正在研发一款拖拉机，采用无人驾驶技术，马力大，成本低，希望到全世界未开垦的地方去开垦。

1851年英国人最早用蒸汽机实现了农田机械耕作，1856年法国人发明了最早的蒸汽动力拖拉机。拖拉机堪称"农机之母"。杨国强要求碧桂园研发的拖拉机要根据场景来设计，他设想的场景是一望无际且非常平坦的荒地。

碧桂园农业控股公司总裁梅永红说，碧桂园进军农业有两个方面的宏观意义，一是希望解决"谁来种地"的问题，二是为人类反饥饿和中国的粮食安全解决"造地"的问题。无论哪个方面，都要整合最具科技含量的农机智能化、农场无人化技术，并在关键农机方面敢于创新突破。

我不知道碧桂园研发的拖拉机是否真会一鸣惊人，但我相信那一定是与众不同的拖拉机。就像碧桂园做机器人公司，一开始也有很多质疑，但现在随着越来越多机器人进入建筑、装修环节，以及机器人餐厅的开业，很多质疑都转为相信。

在我写下这篇文章时，北大荒已是秋收季节。2020 年的秋收比往年晚一些，我还没有看到收割的盛况。听说仅仅在建三江 1100 多万亩的土地上，就需要两三万台收割机。如果从高空看，车比人多，蔚为壮观。

在杨国强所写的一篇短文中，开头一句是，"农业现代化是中国孜孜以求的目标，粮食不足仍是困扰世界的问题"；结尾一句是："我们梦想，农业成为真正的高科技产业，全世界农民不用再面朝黄土背朝天，全人类不再为粮食问题发愁！"

从 1947 年开始，一代代北大荒人怀着梦想，克服各种艰辛，把荒原变成了沃土良田。今天中国农业的振兴，需要更多有情怀、有资本、有技术的人们，将北大荒精神发扬光大，续写新时代的壮丽诗篇。

参考文献：

①许人俊，《王震建议开垦北大荒》，《党史博览》，2011 年第 3 期。

②王姝，《黑龙江垦区 40 年：从"北大仓"到"中华大粮仓"》，《新京报》，2018 年 12 月 26 日，第 A10 版。

③熊坤静，《王震：开发北大荒的奠基者》，人民网，2012 年 8 月 27 日。

神奇的南海人，能否从"市场英雄"到"城乡标兵"？

神奇的南海人

如果把一个地方的形象比作面子，把百姓的富裕比作里子，则中国城乡大体有四种模样：面子里子都好，面子里子都不行，面子行里子不行，面子不行里子行。

最难的是第一种，在高水平的面子和里子间实现均衡，两全其美，财貌双全。

这篇调研报告讲的便是广东南海的面子和里子。

这里是中国最富裕的地方之一。2019 年南海的 GDP 为 3176 亿元，全社会消费品零售总额超过 1200 亿元，财政总收入 603 亿元，住户存款 2930 亿元，主要经济指标稳居全国发达县（市、区）前列。尤其是住户存款和消费品零售总额，遥遥领先于昆山（住户存款

1532亿元,消费品零售总额1081亿元)、江阴(住户存款1096亿元,消费品零售总额1036亿元)等地。

但要是看面子,南海除了千灯湖、南国桃园等少数地方,可以说赶不上内地不少二、三线城市。城不城、乡不乡,土不拉叽的地方确实不少。

南海的面子和里子为何有如此反差?

问号背后藏着很多真问题,如城乡问题,工业化和城市化问题,自发的、自然主义的原生态经济与高质量发展、功能优化的问题,等等。

在南海,富裕、富足不是问题,但能不能实现面子的突破,让城是城、乡是乡,现代化城市与美丽乡村比翼齐飞?

不要一说面子,就当成大而无当的形象工程。面子就是环境,是生产生活的载体,和里子休戚相关。

今日南海和整个佛山最大的面子,是有"佛山客厅"之称的千灯湖,这也是南海几乎唯一一块像现代化都市的地方。

它位于桂城街道,1999年7月动工建设。历时三年,占地300亩的千灯湖公园一期落成,没有围墙,不收费用,1300余盏景观灯晚上齐亮。公园的设计由世界著名的SWA公司担当,2015年荣获景观设计行业的"奥斯卡奖"——全球城市开放空间大奖。到2017年,千灯湖中央公园共完成四期建设,面积达1400多亩。

面子的更新,引起的是经济与社会的百变千变。

2007年,广东金融高新区落户千灯湖。广佛地铁进入佛山的第二站就是千灯湖站。

二十年间,千灯湖从一片农田和旧厂房变成城市客厅,不少外来投资者都是在参观千灯湖后下了投资决心的。金融、科创、服务等功能的带动，让千灯湖一带集聚了十万白领，这在过去不可想象。

千灯湖由此成为面子与里子齐美的活样板。20世纪90年代有"可怕的顺德人"一说，因为千灯湖，"神奇的南海人"跃入世人眼帘。

2019年7月31日，广东省委深改委批复同意佛山市南海区建设"广东省城乡融合发展改革创新实验区"，要求南海为粤港澳大湾区世界级城市群城乡高质量融合发展探索新模式，为全省城乡高质量融合发展提供新鲜经验。

2020年9月19日，广东省委深改委印发了《佛山市南海区建设广东省城乡融合发展改革创新实验区实施方案》。其方向是，以农村土地制度改革为着力点，在不突破永久基本农田总量和控制线、生态保护红线及规划控制指标前提下，对南海区土地、生态、产业和城市布局系统规划，建立健全城乡用地、生态环境及产业融合发展结构性调整机制，以国土空间规划编制试点为契机，以开展全域土地综合整治为突破口，科学合理布局生产、生活、生态空间，推动城镇、农村、产业和生态合理分区，相对集聚，协调发展，促进城乡全面融合。

从"市场英雄"到"城乡标兵"，南海将开始新的嬗变。

20世纪80年代的南海模式1.0

改革开放，广东先行一步。广东的先行者，除了特区就是珠三角。珠三角的核心，是南番顺（南海、番禺、顺德）。

南海历史悠久。秦始皇统一六国后即派兵占岭南,在岭南地区设立了桂林、象、南海三郡。隋朝时,南海郡治中心番禺县改置南海县,广州府城那时是南海县的辖地。

历经漫长变迁,今天的南海是佛山市的一个区,面积 1074 平方千米,2019 年年末常住人口为 303 万,下辖六镇一街 286 个村(社区)。

面积不大,级别不高,但深厚的底蕴、位于珠三角核心的地利,以及人的进取心,注定了这里永远都不乏神奇故事。

20 世纪 80 年代,南海和顺德、中山、东莞一起,勇当商品经济排头兵,以"广东四小虎"闻名。这片诞生过陈启源、康有为、詹天佑、黄飞鸿的土地,因紧临广州,便于为广州的企业做加工,为广州提供农副产品,最先富裕起来。

1980 年,时任广东省委第一书记习仲勋参加南海党代会提出,南海要先走一步,走在全广东 109 个市县的前面。

1981 年 8 月 26 日,《人民日报》头版头条报道南海的农村经济发展,并配发社论《像南海那样把农村搞活变富》。1982 年 4 月 30日,新华社专门报道南海,说农民富裕后南海出现了"三多":盖新房的多、买高档商品的多、存款多。农民要买的不再是手表、自行车、缝纫机"老三件",而是电风扇、电视机、录音机"新三件"。

这是南海模式的 1.0,实质是"六个轮子一起转",即县、公社、大队、生产队、个体、联合体的企业一起开动。南海在全国首开将个体经济与其他所有制经济同等对待之先河。农民既务农又务工,既种植又养殖,大兴家庭副业和社队企业。1981 年,由时任南海县委书记梁广大带队,抬着烧猪、双蒸酒和鞭炮,到"首富村"南沙大队"贺富"。领导一连三年为群众"贺富"，全国罕见。

据南沙大队负责副业的干部徐二珠回忆，当时村里有三四百人大胆搞副业，织箩、运输、建筑，尤其是大队五金厂有 300 多台手压机，50 多台冲床。这些副业创造了村里 70％的财富。他一家 7 名劳动力，白天下田劳作，晚上进厂做工，一年下来共获得万元分配，1980 年就被评为"万元户"。

南海人对发财致富的机会极敏感，又务实肯干，所以在商品经济大潮兴起时，注定会成为弄潮儿。

随着一批批农民"洗脚上田"办企业，南海成为中国草根经济、民营经济的标本。今天南海的民营经济贡献了 GDP 的 63.7％、税收的 77％、城镇劳动就业的 85％、企业数量的 90％，各类市场主体约 36 万户，创业密度在全国县区首屈一指。

"想富，敢富，能富"，在南海是根深蒂固、极为普遍的文化。20 世纪六七十年代，南海农村就默许农村副业人员搞商品经济，这些身在农业集体之中，却从事着工商业活动的人就是后来个体私营经济的源头。

到 80 年代，很多个体私营企业为避开政策限制，通过给集体交管理费的形式，戴着集体的面具，跳自己的舞。

即使在 80 年代末那段民营经济的徘徊观望期，南海也没有退却，反而在 1991 年召开民营企业代表大会，108 位年缴税达 10 万元、公益捐助达 10 万元的代表参加。领导说："你们是发展商品经济的好汉，政府支持你们，感谢你们！"要求尽可能解除那些限制私营经济的土地、出口、工商执照等方面的政策，"实在不能解除的，允许挂靠集体企业，使民企有一个保护伞"。

20 世纪 90 年代到 21 世纪初的南海模式 2.0

到了 90 年代,南海再次领全国之先,率先展开农村土地股份制改革,利用农村集体土地,发展村级工业。

这是南海模式的 2.0,实质是将农村集体所有的土地、固定资产和资金等生产要素,以股份形式量化为村民共同占有,村民按股份分红。土地或厂房租给投资办厂的企业。南海借此加快了工业化进程,村民也分享到土地非农化使用后的增值收益。

用农村集体土地启动工业化,好处何在? 除了将土地非农化的级差收益留在集体内,农民可长期享有分红,更主要的是降低了工业化的门槛。

对初创企业来说,如果通过征地方式取得土地,不仅手续繁杂、影响开工进度,还要支付价格不菲的土地交易金和出让金。国务院发展研究中心 2003 年在南海调研,当时 1 亩农地要转为非农建设用地,如果只办农地转用的手续,牵涉到的费用有耕地占用税 4000元、征地管理费 1500～1800 元、垦复基金 1 万元、农业保险基金6000 元、农田水利建设费 1333 元。如果办理土地出让手续,除上述外还要再加上土地出让金,工业用地为 1 万～2.5 万元,商业用地为12.5 万元,住宅用地为 8 万～10 万元(后改为招拍挂)。由于土地级差地租上升,如按国家征地办法测算企业用地价格,工业用地每亩要 15 万元(高的要 40 万元),商业用地每亩要 40 万元(高的要150 万元)。

　　而通过向农村集体土地租地，企业创办费用则大大降低。企业租用农地，每亩每月只要 500 元（根据位置略有不同）。这种灵活的土地使用方式，使大量企业在南海落户、生根。

　　通过土地股份制改革，发展第二、三产业，南海涌现出一批很有特色的专业镇，大沥的铝型材、西樵的面料、盐步的内衣、丹灶的五金等，在全国声名显赫。

　　村级工业兴起，最初可能只是做小加工，但有一批企业越做越专、越做越精，南海涌现出一批"隐形冠军"。如中南铝车的轮毂成为美国哈雷、北极星等摩托车的标配，星联精密的包装瓶模具常年用在可口可乐、雀巢等 600 多家饮料企业的生产线上，粤海汽车的清障车占据国内清障车 1/3 的市场，并远销美、日等近 20 个国家和地区；华特气体的特种气体覆盖了台积电、英特尔、美光科技等半导体企业，也是国内唯一通过阿斯麦（ASML）认证的气体公司……

　　说到南海人喜欢办工业，南海区委书记闫昊波说："我有一次到丹灶镇，看到很多做拉链的企业，上下游齐备，最大的已在香港上市，但最触动我的是随便推开路边的一扇门，看到一个老太太正踩着机器做拉链，一问，已做了几十年。有一台机器就搞工业，这在南海太普遍了。"

　　在南海，这些大量存在的"规模以下"生产活动和商业服务，在 GDP 统计中被漏算了不少。尽管如此，在中小城市发展战略研究院发布的报告中，南海仍是全国综合实力百强区第二名，仅次于顺德；南海狮山镇是全国综合实力千强镇第二名，仅次于昆山玉山镇。不过对照一下，狮山镇 2019 年的 GDP 是 1139 亿元，工业总产值是 3847 亿，玉山镇分别是 820 亿和 1360 亿，狮山镇高出不少。

南海有今天,2.0 模式的土地制度改革试验功不可没。在那次改革中,南海 1574 个管理区和自然村的村民,通过丈量土地、清产核资、推平入社、量股到人,实现了以土地经营权为中心的股份合作制,农民的土地经营权"物权化"了,厂房起来了,市场起来了,农民也大规模转移到第二、三产业。南海由此基本完成了乡村的工业化。南海现有城乡社区 287 个,其中农村社区 222 个。2019 年,全区村(居)社(组)两级集体资产(不包括农村土地折价)483 亿元、可支配收入 99 亿元、股份分红 53 亿元。

但心思都花在村级工业上,花在村社集体经济的发展上,也留下了城市化相对滞后的问题,尾大不掉,成为南海的一大短板。

为什么要用 3.0 超越 2.0?

以建设城乡融合发展改革创新实验区为标志,南海模式的 3.0版本已经启动。

这一模式的完全实现,离不开现代化城市与产业体系的构建,需要十年之功。

按计划,到 2022 年,南海要实施 20 个城中村改造,建设 10 个农村居民新型社区;整合 9 万亩村级工业园区,建设 20 个千亩连片产业社区,建成 5 个万亩农业示范片区;归并调整城镇开发边界内全部永久基本农田,腾退生态保护红线内 30% 不符合管控要求的建设用地。

到 2030 年,基本完成城中村改造,每个行政村都建成农村居民新型社区;将全部村级工业园区归并升级为 100 个左右的主题产业社区,农业全面实现集中连片发展;生态保护红线内不符合管控要求的建设用地全面完成腾退。

南海模式的 3.0,其实是对 2.0 版本的代替和超越,而且暗含了一部分的否定。

2.0 模式下,村村点火,户户冒烟,村级工业园遍地开花。而 3.0 模式强调的不是分散,是空间集聚和布局优化,是城乡土地节约集约利用,是加快产业结构升级,是城乡生态品质同步提升。

如果说 2.0 模式是以村为单位、放活村一级的积极性,是"放"的产物,3.0 模式则是以南海全区为单位,从全域空间的高标准发展出发,重构土地资源的配置。这里的关键词是"集中"和"集约",如引导城乡建设向城镇开发边界内集中,建立农村居民点用地集中布局机制,健全工业用地集约发展机制,建立农业空间连片集聚机制,等等。

读者也许会问,以前"放",现在"收",是不是要打着城市化名义,强征农民的集体土地,搞"圈地造城"运动?

其实,了解了南海模式的 1.0 和 2.0 就会明白,在南海,政府一向开明,尊重民间活力,甚至多少有些"放任"。这里的官员基本不愿外调升迁,政府也没有强征强拆、侵犯农民权益的强势基因。

但要说 2.0 版本就不能动,只能一成不变,那南海的未来就会被昨天的路径锁定。事实上,南海的发展后劲已经出现问题。当年的"四小虎",南海长期领先,但现在 GDP、一般公共预算收入等指标已落在东莞、顺德之后。

问题还不在于"村村点火,户户冒烟"的生产力分布空间格局,土地产出率不高,环境污染重,安全隐患频现,而在于这一格局难以撼动,难以改变。

为何难以撼动?

恰恰是因为在 2.0 阶段,南海政府没有采用将农村集体土地统一征收为国有土地,再出让给企业搞建设的自上而下的做法,而是认可以村为单位,由村集体经济组织在不改变土地所有权性质(集体所有)的前提下,将土地或厂房出租给工商企业使用。

2.0 模式打破了国家统一征地、垄断农地非农化利益的格局,为农民利用自己的土地推进工业化留下了空间。如上所述,其好处是工业化成本低,容易推动。

其实,将农村集体的非农建设用地用于工业化,和当时法律关于"农民集体所有的土地的使用权不得出让、转让或者出租用于非农业建设"的强制性规定是相违的。按法律规定,只有"兴办乡镇企业和村民建设住宅"或者为了"乡(镇)村公共设施和公共事业",才可以经依法批准使用集体经济组织农民集体所有的土地。

尽管法律允许集体用自己的土地办集体企业,或以土地入股与他人联办企业,但集体和农民都认定这条路走不通。办乡镇企业,产权不清,且缺乏企业家,往往负债累累;用土地入股与他人合办企业,资金入股方往往由"内部人控制",企业赢利了,土地方也得不到分红,企业亏损了,股东还要背债。所以,农民集体选择了将土地出租或者建好厂房、仓库、店铺连同土地一道出租的办法,这样安全,收益稳定。

当时,为了避开土地管理法律的规定,使出租土地、厂房"合法化",南海农村有不少变通。如办土地转用手续时,上报的是合作、合资合同，背后真正的合同则是土地租赁合同，合同期短则 5 年，长则达 50 年。也有的是集体经济组织提出用地申请，说自己办企业，土地使用权证办在申请方名下，出资人实际是承租方，凭租赁合同取得土地使用权。还有"无证用地"问题，集体在出租土地和厂房店铺时，根本不到国土部门办理登记转用手续，难以监管。

2.0 模式的低成本工业化，造就了当年的繁荣，也留下了诸多隐患，越往后越是弊大于利。按国务院发展研究中心当时的调查，到 2002 年南海全区工业用地共 15 万亩，其中保持集体所有性质的有 7.3 万亩，几乎占一半，这还不包括一些集体经济组织将宅基地、村边地和部分果园改成的非农用地。"以平洲区为例，区集体非农建设用地在市国土局统计数为 2000 亩，而实际数达 8000 亩，比上报数高出 3 倍之多。集体非农用地的实际数字很难统计，农民不愿讲，集体也不愿报。"

调研中我在西樵镇听音湖片区拓展区也看到，该区的改造提升范围约 1037 亩，全是简村的村集体用地。这 1037 亩土地，"无证已建厂房用地"为 252.58 亩，"无证且不符合土规的已建厂房用地"为 142.79 亩，加起来占全部集体土地的 38%。

凡事都有因果。2.0 版的南海工业化、城镇化，主要在集体建设用地上展开，优点是起步快，见效快，缺点是层次低，简陋粗放，布局分散。以 2018 年的数据为例，南海的集体建设用地占整个建设用地的比例超过 54%，现有的 612 个村级工业园分布在全区 280 多个村居，分属 2304 个农村集体经济组织，这些工业园用地占全区现状工业用地的 58%，但工业产值贡献却不到 10%，平均容积率仅 0.49。

更要命的是,地和房不像股票随时可变现,地和房是实物,就在那里,里面有集体经济命脉,有农民权益,有企业、二房东等相关者利益,不是想移就能移的。

对南海来说,2.0 阶段如一马平川,3.0 阶段如愚公移山。但不用 3.0 模式代替 2.0 模式,南海将陷入低水平的富足均衡。

3.0 模式需要理性的计算,需要智慧,更需要勇气。

3.0 模式下的"夏北样板"

现在来看一个正在进行中的用 3.0 模式代替 2.0 模式的案例,它有助于理解为什么 3.0 模式可能亦可为。

案例是桂城街道夏北社区针对旧村居(住宅物业)、旧厂房的整村改造,其方法是"政府引导,村为主体,市场运作,多方共赢"。

夏北社区位于广东金融高新区 C 区,下辖 5 个自然村,占地约 2.6 平方千米,紧邻地铁站,位置优越。过去这里是肉菜市场、鞋厂、机械厂、金属加工厂集中的区域,村居低矮,道路狭窄,公共基础设施严重不足。

2010 年,夏北社区开始改造,先进行非住宅物业的改造,完成动迁,整出土地,对基础设施进行投入。在桂城街道金融高新区 C 区重建局的推动下,先后成功出让了 8 宗土地约 953 亩,引进万达广场、宜家家居、万科、保利地产等项目,面貌焕然一新。

2015 年,开始旧村居的改造,包括住宅、集体物业及其他地上建筑物。

首先，广东金融高新区 C 区进行城市更新的"控制性详细规划"获得了佛山市政府的批准，夏北社区可以在控规下进行改造。通过拆除旧厂房旧村屋、盘活闲置用地，在片区内将新增超 25 宗住宅用地、超 30 宗商业商务用地，并规划学校用地 6 处。

接着，夏北经济联合社出台了拆迁补偿安置指导意见，召开成员（股东）代表会议表决通过。夏北社区的 5 个村也多次召开村民表决大会，就确定旧村居改造合作企业、通过改造方案及拆迁补偿安置方案、通过旧村居改造项目土地集体建设用地转为国有建设用地等事项，进行表决。

简单来说，改造的实质是通过土地用途的改变，让同样面积的土地产出比以前高得多的价值，激发土地的生产力。关键是如何分配利益。要让农民满意，让投资者有利可图，更要有利于经济社会的长远发展。

以夏北社区的永胜村为例。在控规引导下，引进外部投资者（世界 500 强发展商），村委出资聘请有资质的第三方评估公司，对发展商在改造期间的各项投入及永胜村改造范围内的土地价值进行评估，以此作为依据确定改造后的双方物业分配比例。

永胜村改造范围为 483 亩，可建设净用地面积约 337 亩，总计容建筑面积约 86.76 万平方米，43 万平方米配给村，占比为 49.35%，其中住宅 23 万平方米，商业 20 万平方米。村集体分到的物业，由发展商代建 15 万平方米，建成后返租 20 年，保证村集体的年收益不少于 6000 万元，这是之前旧物业出租收益的 3 倍。商业物业的位置由村里先挑。这种安排从制度上保障了集体经济的可持续性，最大限度地保障了全体村民的共同利益。

接下来是村民宅基地建房的补偿。先安置后拆迁,回迁房(也在社区内)与商品房可同步建设,但复建安置的物业必须先竣工验收,首期安置地块供地后 30 个月内完成首期回迁房的竣工交付。

安置的基本原则是"1 赔 3",即按照宅基地占地面积,给予 3 倍面积的回迁房(因村民一般都建 3 层楼)。村民还会获得一部分拆房的现金补偿,大致是 1 平方米 1500 元。对村集体和村民来说,改造后利益不仅没有受损,反而增加了,且所有收益都由发展商一方代为完税。回迁房的土地性质也由村民表决决定,可选择保留集体性质(永久产权),或转为国有的 70 年商品房,上市交易。

我在夏北社区看到,5 个自然村引进的发展商都建了回迁房的样板房,眼见为实,以此为据。在聚龙北村展示馆,村民通过电子显示屏,输入调查前期确定的土地证面积、房产证面积等信息,即可粗略估算拆迁补偿住房面积或对应的拆迁补偿金额。一切都公开化、透明化。

发展商为何要参与如此复杂的改造?因为千灯湖一带房价高,商业物业价值高,满足村集体要求后仍"有数为"。

可见,能成功进行整村改造,前提是城市的国有土地和农村的集体土地间存在较大的级差地租,当土地变性,可以按照国有土地属性进行开发,租差就显性化为活生生的财富。

一说到土地开发,拆迁卖地,政府往往是指责对象。但仔细调查南海的情况,发现政府其实是和土地相关的"神奇游戏"中考虑最为长远也最无私利的一方。政府考虑的是一个地方的长期发展、可持续发展问题。

就夏北社区改造来说,政府的出发点是如何借助粤港澳大湾区

"广佛极点"的机会，提升经济功能和产业能级，培育高新经济，引入高新人才，而不是任由既得利益者一直当"二房东"，把集体土地租出去做低端产业。

如果说政府有利益，最大的利益是集体土地变为国有土地时要征收的高额出让金。但如果出让金过高，发展商算不过账，也无法改造。利益平衡不是靠谁逼谁，而是要算账，用市场化的博弈机制来解决。

南海政府的情况是，为推动改造，在土地出让金方面尽可能少收，村庄范围内的土地变性只收 20％；非村庄范围内的土地变性收 40％，且在扣除"三金"（农田水利建设资金、地方教育资金、保障性安居工程资金和农业土地开发资金）后全部返还给村区，用于基础设施建设等。

村民得利，发展商有利，政府近期让利，城市长期获利。游戏才能进行。

在我看来，整村改造的价值，远不只是提升了村集体收入，也是在促进集体经济转型。集体经济不能止步于收租经济。改造后的新环境会提供大量新的就业机会，也为新一代的村民提供了用武之地。

最后要说的一个关键词是容积率。同样的土地，能建多少面积，这是整个财富蛋糕能做多大的关键。夏北社区改造前的容积率是 1.2，现在是 3.0，多建出来的房子就是财富得以分享的来源。这就是控规的重要性之所在，它决定国土的空间布局和容积率。

真是环环相扣。城市兴靠人气，人气聚，靠的是城市的规划和空间、功能、交通、产业等布局。

在南海,让我对 3.0 模式替代 2.0 的必要性、重要性深信不疑的,是在一个村里一个普通南海人说的话:"我们的父辈在工厂打工一个月,只能出来一两天,到外边玩一玩买点东西。我们这一代,顶多在工厂干一个星期,周末就要到城里消遣娱乐一下。我们的下一代,每天下班后就要出去过城市生活,而不是只待在工厂里。"

村改、农兴、城来,南海花开

讲完夏北社区的案例,你可以想象一下整个南海建设城乡融合发展改革创新实验区、重塑城乡空间格局的宏大场景——未来十年,类似这样的片区综合整治改造项目,可能数以百计。

截至 2020 年 7 月,南海 7 个镇街都成立了集体土地整备中心,以托管方式将符合入市条件的集体经营性建设用地进行整合,以备统一招商入市,实现集体土地统筹综合开发。

夏北改造只是南海城乡空间融合再造的一种模式,类似的开发建设模式已摸索出近十种。但总体方向是一致的,即大力改造村级工业园,拓展高新产业发展空间;推进城中村整村改造,提升城市功能,优化空间形态;实施连片乡村振兴,把农业用地尽可能用以集中建设高效农业,设立生态屏障。最终实现"城市更像城市,乡村更像乡村",村民更有保障,产业更有前景。

这正是南海作为创新实验区的政策与制度创新之处:开展全域土地综合整治。在东部靠近广州的地方,土地更多地用于城市形态的建设;在西边西樵山、丹灶一带,土地更多地和农业、农田、生态屏障关联。整个城镇、农村、产业和生态的分区更加合理，相对集聚，协调发展。同时，在城和乡之间建立合理的利益补偿机制，推动平衡发展。

整个改革创新试验立意高远、规模宏大，但涉及如此多的人和地，南海也有足够的战略定力：既要勇往直前闯难关，又不能盲目冲动，毕其功于一役。南海的做法是先着力建设基础条件较好的十大示范片区，拟投入 3000 亿元资金，落地 150 个项目，覆盖 242 平方千米，从而带动实验区建设全局。

千灯湖片区：以金科产融合创新基地、高品质服务业集聚区为发展目标；

映月湖片区：以广佛都市客厅、品质生活之城、新兴产业社区为发展目标；

文翰湖片区：以大湾区四大重点实验室之一的季华实验室为引领，以技术创新和科研成果转化集聚区为发展目标；

大沥中轴片区：以现代生产性服务业集聚区、国际贸易和展销示范区为发展目标；

丹灶镇一岛两湖十里片区：以智能安全产业基地和氢能产业创新发展示范区为发展目标；

环西樵山片区：以粤港澳大湾区文化交流中心、文化旅游产业集聚区为发展目标；

南国桃园片区：以生态农业和乡村文旅产业示范区为发展目标；

九江滨江片区：以中国医卫用非织造产品示范基地、珠西新材料产业集聚区、现代农业产业园为发展目标；

佛山西站枢纽新城片区:以先进制造业集聚区为发展目标;

里湖新城片区:以新一代电子信息产业基地、新型生物医药产业基地为发展目标。

所有片区都是面向未来、与时俱进、目标驱动的,不再是被过去的既定形态锁定。同时,具体推进也是实事求是的,都有现实的依托和抓手。

以佛山西站枢纽新城片区为例,佛山西站最早规划建 5000 平方米的过路站,南海看到了粤港澳大湾区和大西南连通的未来,说服铁道部扩大为 7 万平方米的枢纽站,南海、佛山自筹资金建设。这里为何要搞先进制造业集聚区?"因为高铁本身并不能带来人的集聚,人只是流过,但佛山西站靠着狮山这一工业大镇,制造业强大,所以争取到腾讯把工业互联网的大湾区基地和生态产业园放在这里。这样,先进制造业集聚区就有了一定基础。"

再以丹灶镇规划建设 48 平方千米的"仙湖氢谷"为例,这里已聚集了广东探索、爱德曼、广顺新能源等近 50 家氢能龙头企业,从 2017 年开始每年都举办国际性氢能产业大会和展览会,联合国开发计划署氢能产业大会已永久落户南海。南海还投入 15 亿元与武汉理工大学合作建设仙湖实验室,并积极组建国家技术标准创新基地等多个研发创新平台。南海投运了 800 多辆氢燃料电池汽车,6 座加氢站,2020 年年底 40 条氢能公交线路覆盖南海 7 个镇街,还有 1 条氢能有轨交通线路正加紧建设。

在里水镇,以万顷园艺世界、南海花博园、梦里水乡百花园等超千亩的现代农业示范项目为依托,建设连片乡村振兴先行区。在九江镇,打造"中国淡水鱼苗之乡",形成集淡水鱼养殖、研发、收购、暂养、物流于一体的全产业链，年均淡水养殖总产值超过 14 亿元，有些养殖户年收入超过百万元。农业并未弱化，而是高效化、生态化、连片化了。

村改、农兴、城来，南海花开。创意、魄力、执行力，南海将脱胎换骨。新南海不只是活力之城、富裕之城、幸福之城，还将是城乡都高度现代化的未来之城。

改革开放已走过千山万水，但仍需跋山涉水。神奇的南海人，敢于超越自我的南海人，正在创造新的神奇。

加油，南海！南海，加油！

参考文献：

①袁卫东，《"无为"的政府》，《南风窗》，2001 年第 16 期。

②李慧君、吴欣宁，《激荡的力量：十万民企与"冠军集群"》，《南方日报》，2019 年 1 月 28 日，第 A07 版。

第四章
一人，一企，一城，一文明

我们越是回到历史，就越是明白，每一种辉煌，
都是由人的生生不息的价值创造的。
文明，在创造者手中。

中国有过一个商人，他留下的财产让无数富豪羞愧

太多文明和他有千丝万缕的联系

他是晚清状元，是思想家，留下了 600 多万字的著述。

他从 1895 年弃官下海创办大生纱厂，到 1926 年去世，31 年间办了 34 家企业和 20 家盐垦公司。大生是近代中国最早的大型化实业集团。

他创办了淮海实业银行，当过数年交通银行总理，提出中国金融应走系统化、股份化、法制化和渐进化的道路。

他是 1912 年孙中山就任临时大总统后任命的首位实业总长，他在担任北洋政府农商总长时主持制定了工商、矿业、农林、渔牧、金融、税务、交通运输及社会团体等方面的多个暂行法令，以解决"谋工农商业之发达，困难万状""第一问题即在法律不备"的问题，

开启了经济法治化的先声。

他是教育家，认为"救亡之策，莫急于教育"，于 1902 年创办民立通州师范学校。经 20 余年努力，南通从学前教育到高等教育，从普通教育到职业教育、特殊教育，有了 370 多所学校。1920 年美国哲学家杜威到南通，说"南通者，教育之源泉，吾尤望其成为世界教育之中心也"。

他是南通工业化、工农业协调发展、城镇化的践行者，推动建造了一座世界瞩目的模范城，有学者把南通称作"中国近代第一城"。

……

这样一位博大精深的人物，去世时，陪葬品清单上只有几样东西：一顶礼帽、一副眼镜、一把折扇、一粒牙齿、一束胎发。

他只带走了这些，却留下了无尽的公共财富，中国近现代有太多文明和他相关。像复旦大学的前身复旦公学，就是他与马相伯等人在上海吴淞创办的。南通大学、大连海事大学、上海海洋大学、河海大学、同济大学、东南大学、扬州大学、苏州医学院，向上追溯都有他的影子。

他就是张謇。

1922 年，孙中山曾对张謇之子张孝若说："我是空忙。你父亲在南通取得了实际的成绩。"

张謇去世后，胡适评价说："独立开辟了无数新路，做了三十年的开路先锋，养活了几百万人，造福于一方，而影响及于全国。终于因为他开辟的路子太多，担负的事业过于伟大，他不能不抱着许多未完的志愿而死。"

城市活的灵魂和永远的伴侣

在南通博物苑，我看到了一张照片，照片上的人叫江石溪，扬州人，1915 年出任张謇创办的大达内河轮船公司的协理。他是江泽民的祖父。胡锦涛的母亲李文瑞毕业于通州女子师范学校，该校由张謇于 1905 年创办。

围绕张謇的事业，有多少人物的命运与之联结。

富兰克林谱写了费城故事，张謇创造了现代南通，他一生服务的社会领域可能更多。富兰克林更多的是社会事业的倡导者、创办人，资金以社会募集和政府拨款为主，而张謇更多的是通过大生集团出资投入。在美国企业家奠定的慈善基金会模式中，基本次序是先挣后捐，企业家退居二线后在慈善上发力，而张謇是边挣边捐，大生集团是他的作品，南通也是。今天，大生集团不在了，南通还生生不息。

每座城市都有值得记忆的历史人格，但多以故居和遗迹的形式存在着。在南通，今天仍然可以处处感受张謇的存在。

南通获得奥运冠军的人数在中国城市中排前五名，当地人说，这和张謇在南通办了中国最早的两座露天免费体育场有关。话剧《张謇》在更俗剧院上映，剧院前身是张謇所建，更俗即"破旧俗、立新风"之意。当年剧院营业后，张謇看到不按规定依号就座的陋习，写文章要"改良匡正风气"，将矫正地方风俗作为己任，"必自细微积至高大也"。他说："只有每个南通人都变成现代化的新人，南通这个城市才会真正现代化。"我住在有斐大酒店，这里的原址是张謇建的"有斐馆"，当时是很时尚干净的旅馆。在张謇建设的基础上，南通今天仍是中国的纺织之乡、教育之乡、体育之乡、建筑之乡、围海造田之乡，而颐生酿造厂、复兴面粉实业总公司、南通油脂厂、韬奋印刷厂、南通冶厂、通燧火柴厂、港务局、电话公司等等，最初都源自张謇的手创。

苏东坡给杭州留下了一道"苏堤"，张謇则几乎塑造了南通城的整体。他似乎也塑造了这座城市的生活方式，他是南通活的灵魂和永远的伴侣。

为什么是张謇？

近代中国为什么会出现张謇这样在实业和社会领域都做出杰出贡献的企业家？

从先天角度看，生于南通海门的张謇自幼就亦学亦农，亦学亦工。他4岁时父亲就教他《千字文》，5岁到邻居的学塾读书，学习勤奋，11岁读完了蒙学的基本书籍，培养了读书人的气质。同时，父亲要他必须放下读书人的架子，"从事贱役"，为师傅扫洒侍应，随雇工在棉田除草，家中建房，张謇兄弟要当小工杂役，学习土木建筑工艺。父亲还教育他们要知道稼穑之艰难，今后无论穷通都要有"自治之田"。张謇科举之途蹉跎，41岁中了状元，但当他决定告别仕途时，他内心是有底气、放得下，愿意也能够躬身做实业的。当时张謇请人画了一幅画，一个农人戴着草帽，扛着锄头，正是他自己的写照。

从历史环境看，张謇21岁开始给地方官当游幕，行走过很多地方，眼界大开，天下苍生之苦让他从内心里和不痛不痒的八股文章渐行渐远。他曾随浙江提督吴长庆入京，随吴的部队到朝鲜驻守，和翁同龢、张之洞都有深入交往，翁同龢更是他的老师。在乡居南通期间，他已经开始集资办公司，推销桑秧，邀约乡绅联名向两江总督要求免除十年丝捐，以兴蚕利。1894年高中状元后，他被授予翰林院修撰，但由于父丧，他很快就告假回乡，而恰在此时，甲午海战爆发，1895年的《马关条约》更让张謇觉得"几罄中国之膏血"。在此背景下，张謇形成了练陆军、治海军、造铁路、分设枪炮厂、广开学堂、速讲商务、讲求工政、多派游历人员等较为完整的改革思想，并写在为张之洞代拟的《代鄂督条陈立国自强疏》中。

1895年冬，张之洞写信委托张謇"总理通海一带商务"，招商集股办纱厂，他由此走上了实业救国之路，要真正去践行"中国须振兴实业，其责任须在士大夫"的使命。

和今天的很多富豪不同，张謇是"文化先于财富""理想先于企业"的人。他以状元和著名绅士的身份投身商海，一开始的起点很高，整合的资源也非同一般，甚至争取到了20年100里内不许再办其他纱厂的政策。如果只是为自己赚钱，这样的政策是很难想象的。

有人认为张謇是"企业办社会"，不符合经济规律，企业最后也被拖垮了。这一评价其实很不准确。张謇办企业，一开始就不只是为了办企业，他是在一些独特的条件和机遇下，走上了"社会企业"的道路。他可以说是中国近现代最成功的社会企业家。

生态型企业的先驱

张謇是很会办企业的。他立足南通，是因为本地的优势资源是棉花，当地优质棉花有"亚洲之冠"之称。当地的女工是"天足"，不缠小脚，走路能远行，做工能久立，这是劳动力资源的优势。第一个纱厂选在荒凉闭塞的小集镇唐家闸，因为这里的水路通长江，运输便利，地价便宜，办厂和物流成本都低。

张謇在管理上采取金字塔式的权威分层结构，例如大生一厂为总理负责制，设总理一人，总理之下设进出货董、银钱账目董、杂务董、厂工董四人，各董的工作职责都有明文规定，如进出货董的工作职责首先是"察岁收，权市价"。大生一厂1899年开车，当年就获利38712两，纯利占资本额的8.7%，1919年利润创历史纪录，为264.44万两。

"生态"是今天中国企业家津津乐道的新名词。其实在张謇时代，一直就在打造生态化产业链。第一个产业链是棉花—棉籽—油厂—皂厂。他利用江海平原出产的优良棉花发展纺织业，皮棉被纱厂用作原料生产布料，剩下的棉籽除了留用为种子，还拿来制油，为此建了油厂；棉油大部分运到上海立德油厂加工出口，还有一部分用石灰中和法炼成清油销售；棉籽饼销售给上海的日商洋行，再转售（中国）台湾做甘蔗肥料；棉籽壳也在本地销售，做燃料和牛饲料；生产食用油时有下脚废弃物，拿来做生产肥皂的原料，下脚油脂还可以生产皂烛，供百姓照明。

张謇打造的第二个产业链是皮棉—大生纱厂、织布工场—大昌纸厂—翰墨林编译印书局。他把纺纱工场和织布工场的"飞花"废弃物,用作工业造纸原料,建造纸厂,加上稻草、芦苇等本地资源生产纸张。纸张又为 1902 年创办的翰墨林编译印书局提供了原料。

南通本地盛产小麦,张謇 1901 年开始筹建大兴机器磨面厂,除了生产面粉,还有麸皮,可提炼面筋、淀粉和麸子。面筋食用,淀粉是浆纱的原科,供给织布厂,麸子做饲料。南通产蚕茧,张謇又以此为原料建了阜生蚕桑染织公司,经营缫丝、丝织、漂染生意,产出的产品供应给女红传习所用作刺绣面料和丝线,也直接向市场销售。这又形成了两个产业链,小麦—大兴机器磨面厂—大生纱厂、织布工场,蚕茧—阜生蚕桑染织公司—女红传习所。

"秦朔朋友圈"之前刊登的马云和刘永行的采访,都提到了跨界循环的思想。马云有"履带战略",解释阿里巴巴从电商到金融到云计算到物流的逻辑。刘永行则在新疆探索了从煤谷到电谷、铝谷、硅谷、化工谷和生物谷的"六谷丰登模式"。这样的纵向延长、跨界循环、开放流动、相与为一的闭环型物质生态模式,张謇是中国商界最早的探路者。他深入研究过《周易》,写了 7 万多字的研究文章,认为"天下皆始于一",人类对天地万物应"取之有度,用之有节"。张謇的企业实践中,可以看到中国传统的"天人合一""万物一体""和谐用中""生生不息"思想的深刻影响。

大生为什么会失败？

所以，张謇不是不懂办企业的规律，相反，他在办企业方面有很高的智慧。但和一般企业股东利益最大化的目的不同，张謇办企业确实不是把赚钱作为唯一目的，而是要为他在教育、慈善、社会等方面的现代化探索筹集资金，用赚的钱"挹注教育""开风气""保利权"。

那么，为什么大生纱厂在 1919、1920 年利润达到高峰后却急转直下，1921 年以后不得不靠银团维持资金运转，直至最后被银团接管呢？

大生纱厂筹备时希望"商办"，但筹资艰难，只好改为"官商合办"，官方提供纺织机械作为"官股"，折合 50 万元，张謇负责筹集 50 万元作为"商股"，但集股还是非常困难，最后不得不缩小规模，改为"绅领商办"，即认领官股的一半，折 25 万元，张謇再自筹 25 万元，官方收取官利，不参与经营管理。从 1895 年到 1899 年，经历重重挫折，工厂才建成，而官利是按年收取 8% 以上的回报，即使尚未营业，也要上缴，年终结账在未计盈亏时先发官利，再算利润，如果有利润再分红。总的算来，大生一厂在 22 年中所支付的官利占纯利润的 21.13%，大生二厂在 15 年中所支付的官利占纯利润的 26.32%，垦牧公司支付的官利为纯利润的 75%。

发了官利，再发红利。大生集团不少企业将大部分利润分给股东，例如大生一厂在提取少量公积金后，从 1902 年起将红利分成 14

份,10 份给股东,3 份给管理人员,1 份作为通州师范学校的经费。

上述分配模式令股东非常满意,但大生集团的"存粮"却缺少积累,而"大生体系"几乎每年都有新企业问世,虽然有单独的对外融资,但也有大生纱厂用公积金包括利息所做的投资。1901 年办的通海垦牧公司到 1910 年后才有效益,1914 年到 1921 年投入的盐垦事业也长期不生利,却都大量占用了大生纱厂的资金,大生一厂对盐垦、实业公司、地方事业的放款、垫款就达 332 万两,最后陷入资金无法周转、靠抵押借款经营的境地。1923 年,大生一厂的抵押借款达 442 万两。用今天的话来说,大生纱厂当时投了很多长线项目,导致自身的资本结构无法支持。

大生纱厂开车时的纱机是数年前从英国购置的,已经空置了几年,1904 年增机时用的还是同一批机器,后来也没有大的技术更新。而英、美、日采用先进的纱机,纺出高支纱且价格便宜,在市场上也给了大生很大的打击。

至于张謇自己,根据资料记载,他一生的工资、分红约 250 多万元,几乎都贡献给了南通的社会公益。"私以为今日之人,当以劳死,不当以逸生。"他这样说也这样做,把全部财富都献给了这块土地。

从五线地区到"中国模范城"

此前我在南通看话剧《张謇》,参观南通博物苑,与南通张謇研究会的专家进行座谈,深受教育。我也切身体会了张謇对这座城市的意义。

南通城区最早就是一个小镇，是张謇塑造的"一城三镇""让城市社区远离工厂噪声与烟尘"的新空间布局。当时他把工业区放在城西的唐闸，建了纱厂、油厂、面粉厂、铁厂等等；把港口放在长江边，天生港是原材料和产品进出的港区，旁边还有芦泾港、任港、姚港；把花园住宅和风景区放在南郊的狼山。三地和老城区各距6千米，都建有道路相通，形成网络，上面奔跑着从美国进口的十多辆公共汽车。1922年，旧城墙拆除，建成了环城马路，马路旁边是人行道，十丈有一街灯。

当年的南通，有中国第一座民间博物苑，第一所纺织高等学校，第一所女红传习所，第一所戏剧学校，第一所盲哑学校，第一所气象站，第一所师范学校，第一座现代化的长江码头，第一所新式托儿所和幼儿园，第一所培养警察的专业学校，第一所县级图书馆学校。张謇办了银行、电厂、电灯电话公司、旅馆、剧场、印书局、商业街、免费使用的露天体育场和公园，办了从幼儿园到大学、医学院的整个教育体系。通过他的现代化自治试验，一个当时从行政层次看只是中国五线地区的小县城（都城、省会、道都、府治、县治、非行政中心），成为中国1700多个县的模范县，西方人眼中的"中国模范城"。

张謇有着足够开放的意识，他让南通刺绣参加世博会，甚至将绣品店开到了纽约第五大街。南通是中国第一个在英文报纸上做广告的城市，吸引了不少外国游客。张謇在交通警察养成所的开学演讲中，要求学生"须极端注意英语一科"，"若不通英语，设西人有所询问，警察瞠然不知所对，实为南通自治之羞"。

"南通实验"的意义

当我沿着濠河岸边漫步，我觉得张謇对我们今天最大的启发可能是，在中国最早的一批近代化、现代化城市中，南通是完全由中国人自主规划建设的范例。从 1842 年《南京条约》到 1895 年《马关条约》，中国根据不平等条约开放的通商口岸有 47 个，有 10 个城市设立了 25 个专管租界，这些地方的开放比较早，是一种"条约式的开放"，其规划建设管理在不同程度上受到外国的影响。而南通，虽然某些条约有沿江沿海各港口都要提供商船卸货的规定，但其本身并没有被明确纳入条约（类似的城市还有无锡）。

也就是说，南通受到西风的影响，但没有被外国列强介入甚至主导。南通的城市自治和现代化建设，是张謇这样的有识之士主导并完成的。上海的英文报纸《密勒氏评论报》曾评论："此城为完全中国人所经营，无外人营业于此，而居留之外国人，仅限于传教士及教育家而已。……观此城，亦可表率中国人建造革新之能力。"

在 1919 年出版的《中国的召唤》一书中，作者、传教士查尔斯·T. 保罗说，让南通从中国所有城市中脱颖而出的原因，是由于在不多见的中国人的主动精神影响下，它成了改革和发展最有成效的地方，促成这一转变的主要功臣就是被众人视为全中国最慷慨、最热心公益的张謇。

《密勒氏评论报》的主笔裴德生认为，"通过南通这个模范城市的建造，张謇为中国未来的工业化树立了里程碑"，"南通成为张謇与其同僚和亲属（包括其子张孝若与其兄张詧）行政才能、视野与组织能力的不朽作品"，"南通可以视作这位中国最伟大的城市建造者之一的自传"。

事在人为。今天我们看到 90 多年前外媒对南通的报道与评价，应该相信中国人自己的创造能力。可是，为什么中国像南通这样的城市屈指可数呢？1920 年 5 月 8 日《密勒氏评论报》社论指出，"一般说来，除非人们自己推动改革措施，否则将一事无成。官员们总是懒惰且不负责任"。有鉴于此，张謇在南通发起了自治运动。有斯人，乃有斯业，有斯城。

一人，一企，一城，一文明，求仁者，自然得仁。以一人之力经营南通 30 年，张謇曾说："上而对于政府官厅，无一金之求助，下而对于社会人民，无一事之强同。对于世界先进各国，或师其意，或撷其长，量力所能，审时所当，不自小而馁，不自大而夸。"呕心沥血，直至生命的终点。

在张謇那里，我看到了中国内生的商业文明血脉，他是中国企业家理当追思和学习的精神教父。他们那一代企业家的精神和风范，我们今天继承了多少？

在今天中国商界的滚滚红尘中，当然有敢为天下先的创新者，有埋头踏实的大国工匠，有无数年轻而进取的创业者，但是那种财富骄人、缺乏文化根基和社会责任、以富豪榜排名论英雄的气息，还是非常严重的。什么是社会需要和尊重的企业家？很多富豪可能从来没有思考过企业和社会的关系，社会责任对他们来说不过是糊弄公众的公关词语。

我感动也庆幸，中国有过张謇这样的商人。他永远和他栖身的土地及一代又一代的人民在一起。江河行地,日月奔流。他留下的财产让无数人永记心中,也让那些金钱速生而声名速朽的富豪感到羞愧。

参考文献:

①Wallace C. Bacon. Nantungchow in the Limelight[J]. World Call,1921,6:27.

②《关于张謇教育生涯的考察》,张謇纪念馆,2011-04-18,http://www.zhangjianchina.com/view.asp? keyno=2121.

存量质变：从青啤的变化看中国经济的新空间

激情永不熄灭，只在等待时间。

2020 年 7 月 31 日，第三十届青岛国际啤酒节如期开幕。全球 40 多个国家和地区的 1500 余款品牌啤酒汇聚青岛金沙滩啤酒城，拉开了为期 17 天，融美酒美食、街头文化、流行音乐、极限运动、竞技体育等 200 余场活动于一体的盛大啤酒季。

因疫情防控需要，这一年啤酒节实施人员限流，啤酒城内接待的游客不能超过最大承载量的 50%，晚上 9 点停止入城，比以往提前了一个小时。但漫步其中，那种浓烈的人间烟火和快乐豪情还是让人备受感染。

在青岛啤酒的花园啤酒狂欢区，大篷后就是集装箱冷库，鲜啤酒通过管道从冷库直接接入大篷，一扭开关，啤酒就涌动出来。真正彻底的新鲜感扑面而来！

多年前我去过慕尼黑啤酒节，我觉得青岛啤酒节完全可以与之媲美。我不善饮，参加啤酒节的最大收获，是通过对中国酒业协会、青岛啤酒公司的采访，从存量和增量的角度对中国经济有一些新认识。

我的结论是，存量的质变，也将为中国经济打开新空间。

存量经济不等于下行经济，也能成为上行力量

近年很多学者提出，中国的存量经济特征越来越明显。

存量经济的意思是，很多行业的产销量不再增长，对经济不再有增量贡献。此时行业的主题不再是如何做大蛋糕，而是如何分蛋糕，如何从别人那里抢蛋糕。

中国酒业协会秘书长何勇说："中国啤酒业的产销量从 1978 年的 50 万千升左右增长到 2013 年 5062 万千升的顶点，数量增长了100 倍，此后开始下降。"

商业数据与分析公司 GlobalData 的数据显示，2013—2018 年中国啤酒消费量的年复合增长率为负数，是 －2.0％。

当一个行业出现这样的拐点，很多人就预测，行业进入了下行期，没什么希望了，企业的日子只会越来越难熬。

青岛啤酒董事长黄克兴说："啤酒产量确实出现了拐点，但行业发展正在优化，青啤步入了历史上最好的发展期，呈现出利润增长高于收入增长、收入增长高于销量增长的趋势。"

从归属于上市公司股东的净利润来看，青啤 2016—2019 年分别为 10.43 亿、12.63 亿、14.22 亿、18.5 亿元，四年增长 80％。2020

年上半年，青岛啤酒市值突破 1100 亿元，创历史新高。

根据年报，青啤 2016 年的啤酒销量为 792 万千升，2019 年为 805 万千升，增幅为 1.6％。四年时间，销量增长 1.6％，利润增长 80％，靠什么？

黄克兴说："靠把蛋糕做好、做精、做新，通过创新实现产品升级，提高高端产品的占比。这样利润就能做厚。"

何勇提供的数据也显示，中国啤酒业目前的利润增速快于产量和收入的增速。以 2020 年 6 月为例，产量同比增长 6％，收入同比增长 11.85％，利润同比增长 38.59％。

川财证券研报指出，中国啤酒业的 CR5 集中度（行业前五强市场占比）从 2013 年的 65.2％提高到 2018 年的 70.4％，但和美国等国际市场上 CR5 一般在 85％以上相比，仍有很大距离，未来将持续提升。

GlobalData 的报告显示，2013—2018 年中国高端及超高端啤酒消费量的年均复合增长率为 6.4％，市场占比从 2013 年的 10.94％增长到 2018 年的 16.44％，未来几年将突破 20％。但即使到 20％，对照美国 40％以上的高端啤酒占比，仍有相当大的提升空间。此外，从精酿啤酒看，中国的精酿啤酒销量从 2012 年的 56.7 万吨增加到 2018 年的 87.9 万吨，目前占市场的 2.4％左右，对照美国精酿啤酒占市场 13％的比重，还有很大的发展空间。

在中国的啤酒品牌中，青啤最有价值，其 2019 年出厂酒价平均为 3430.87 元/千升，高出华润啤酒（2920.75 元/千升）17％以上。但和主要依赖高端产品的国际一流啤酒集团 5000～7000 元/千升的出厂酒价比，还有不小差距，潜力可以进一步挖掘。

　　和行业专家们的交流,让我感到,中国啤酒业过去几年的变化,折射出了存量经济的创新可能。

　　存量经济不是只能碌碌无为而下行,而是大有可为去上行。

　　1.存量经济不等于下行经济。一个行业的数量不增长不等于价值不增长。如果通过创新和结构调整,能实现价格总水平的上升,就能创造出更多经济价值,让存量经济变成增值经济。

　　2.存量经济不等于过时经济。一说到存量经济、传统经济,总给人一种过时老化的感觉,其实很多存量经济、传统经济都是基础性的经济,和消费者常相伴随,不会消失。而一旦存量经济找到创新之道、跨越之路,并和新需求、新技术、新材料、新方向相结合,与时俱进,与时恒新,存量经济就能成为创新经济。

　　我进而想到,当中国经济已经发展到百万亿元 GDP 的规模,一定要防止那种"增量比存量重要,增量发展比存量发展优先"的思维,就是把资源过多倾斜到新经济、新模式、新概念上,一味"烧钱",而忽略了存量经济本身的优化、提升、创新之中就孕育着经济的新空间。

　　在某种意义上,存量经济的创新,更有规律可循,更加靠谱。

青啤的存量创新是如何炼成的?

　　2012 年,1986 年大学毕业后就加入青啤的黄克兴接任青啤总裁,当时整个市场仍是增量经济,各大企业都在高歌猛进,跑马圈地,以获得更大份额。

但黄克兴从青啤的 CFO 提供的数据中感到了不安。他发现，青啤促销费用的增速比产品销量的增速高，主营业务利润的增速日趋缓慢，甚至下降。

果然，2013 年全行业产销量见顶，2014 年开始下降，过去积累的毛病一下子"水落石出"。勇挑重担的黄克兴直接兼任了营销总裁，冲到市场一线。不看不知道，一看吓一跳。

1.市场竞争的主要手段是价格竞争，主要靠产品不断下沉获得增长，比如帮经销商定制一款酒，在其经销范围内"超低空"飞行，酒价很低。青啤的一位国外代理商看到中国市场有标价 2 元钱的青啤时误以为是冒牌。品牌本是青啤的优势，却不断被丢弃，在市场上无从显现。

2.产品雷同单一，创新产品、高端产品少，且已有的高端产品在市场上的投放力度也不够。黄克兴到西北某省会调研，抵达当晚，打车走访了十多个商超售卖点，发现青啤在这里投放的主流产品都是中端产品，而中端的竞品很多，竞争惨烈。青啤也有高端产品，但营销体系习惯了价格战，主动放弃了高端的蓝海市场。

3.市场不断下沉，价格不断向下，并没有让企业的日子更好过。因为各家企业都在采取类似手段，谁想多获得一百分点的市场份额，都要付出巨大代价。

4.市场越做越累，营销队伍的士气也备受影响。开会时交头接耳，"五十步笑百步"，"我下降了 5％，谁谁还下降 10％呢"。一些歪风邪气也有所抬头。

2016 年第二季度，是青啤的最低谷，人心惶惶，但此时的黄克兴，反而有了信心。他镇定地说，青啤的上行期很快就会开始。

黄克兴的信心首先来自青啤天生丽质的底蕴。青啤从 1903 年诞生就是中国啤酒的领航者,品牌深入人心,青啤始终坚持"慢、专、精"的工匠精神,恪守"慢的坚持",坚持用"最长低温发酵工艺",一杯青岛啤酒从种植啤酒花到包装完工出厂,要经过 1800 道工序。青啤拥有行业第一家国家级重点实验室——青岛啤酒生物发酵工程国家重点实验室,建立了以六大关键技术为核心的百余项外围技术,有 23 位国家级啤酒品酒师,占全国的 40%。

黄克兴说:"青啤走技术创新之路,是有根的。"

黄克兴的第二点信心,来自"以消费者为中心"的战略升级。青啤有技术,但没有市场来牵引的技术,注定无法牵引市场。青啤长期依靠经典绿瓶和纯生系列打天下,而消费者的需求越来越细分化、差异化、个性化。原来的思维落伍了。

转变思维之后,青啤紧紧围绕消费者,推出了奥古特、白啤、鸿运当头、皮尔森、IPA、黑啤等细分产品,从"有一瓶青啤"变成了"有一套青啤",从中低端扩张变成高端引领、多元创新。

像白啤,很多国外进口啤酒都是白啤,但进口白啤的麦芽汁浓度在十二三度左右,口味较重,苦味较浓,青啤的品酒师反复品尝,最终将麦芽汁浓度定在 10 度到 11 度,推出后一炮而红。

皮尔森是青啤 1905 年就有的品类,因为酿造时只用大麦不加大米,口感相对醇厚,入口微苦,在淡爽口味主导的市场中,长期被弃用。2016 年,皮尔森在青啤重新上线,瓶子用深棕色,瓶体纤瘦,很像欧洲啤酒,调性很有历史感,主要针对高端主题餐厅和酒吧,推出后也很成功。

黄克兴的第三点信心来自整个队伍的士气高涨。

在黄克兴看来，在所有团队的精神面貌中，营销队伍的最为紧要，因为一切都要在市场上检验。2016 年这一年，他有 216 天在市场上，带着团队贴着地皮跑，将新的产品战略落地，产品往中高端方向走，砍掉了许多低端的、纯粹为走量而拉低品牌的产品。

他大刀阔斧，换了 9 个省区的总代理，有的降，有的免，有的调，谁不跟着战略走，就动谁的帽子。这一年间，他几乎每周一、周二就开始出差，一个市场一般看两天，然后赶往下一站，周六晚赶回青岛，周日上午补觉，下午继续上班。有段时间过于疲劳，免疫力下降，老是感冒，他就背着中药罐出差。

有黄克兴在一线指挥，营销团队的士气很快起来了，过去有人专跟排名落后的比，现在谁完不成任务就感到惭愧难过，主动给领导发微信、短信检讨。青啤每月开一次经营分析会，过去是封闭的，现在则通过视频方式让所有分公司管理层在线，最后一个环节叫"直通车"，哪个单位有需求有困难，可以直接提出，总部当场答复，当场答复不了也要限期答复。

战略驱动，创新引领，改革成果很快显现，2017 年青啤止住了下滑，产销量恢复正增长，在市场上重新成为风向标，再现高端本色。由此又倒逼了整个供应链的变革，原来一个工厂一天生产一种酒就行了，现在一天要换几十次瓶装，多系列、多规格，要在柔性化和效率之间取得平衡。

通过个性化、定制化生产线，打造智能工厂，青啤实现了从最少要生产 3000 箱到最少可以"定制"15 箱的极限突破，让"总有一瓶适合你"变成现实。通过内外部流程优化，私人订制啤酒的周期已从最初的 40 天缩短到现在的 7 天。

2018年接任青啤董事长后，黄克兴仍然兼任营销决策委员会主席，为的是实时了解市场的动态和趋势。他说："啤酒一年的销售旺季只是几个月，一旦对市场反应错了，可能就是一年的损失。所以我们一点也不敢放松。"

存量中蕴含着两大增量的机会

怎样看待青啤过往几年的改革、创新与突破？

何勇说，以青啤为代表的啤酒业的供给侧改革，从根本上是对需求侧的消费升级趋势的回应。

这些年，在不知不觉中，啤酒业的消费者偏好有了很大变化，如非主流个性化啤酒流行，从价格到品质，从大众化到个性化，从社交豪饮到自酌享受，从多喝到喝少、喝精，从被淡爽型口味"习惯性驯化"到口味多元化（如浓醇化），消费者在变，所以企业必须改变。

何勇说，按照新制定的《啤酒术语和分类》标准，啤酒种类理论上有149612种，像波本啤酒、博克啤酒、兰比克啤酒、贵兹啤酒、双料啤酒（两种麦芽）、三料啤酒（三倍酒花）、增味啤酒等等。啤酒业正朝着场景化、分众化、碎片化、情感化的方向演化。谁能走在前面创新，谁就能率先赢得消费者的青睐。

黄克兴说："我很关注苹果手机，苹果手机在全球智能手机市场的出货率为14%，但利润占行业近2/3。因为苹果有自己的操作系统，高度安全，有强大的品牌和出色的零售终端，在400美元价格以上的高端机市场占了一半以上的份额。作为行业领导者，必须洞察未来，用创新激发市场，引导行业往高处走、远处走，就像任正非先生所说的，领导者要构筑有效的竞争环境，如果领导者到处抢市场，把价格压到底线，那整个行业就都没有生存空间了。"

青啤在已有的变革创新基础上，未来将向何处去？

黄克兴说，一是以平台思维做大做强存量——啤酒主业，二是以第二曲线的理念做优增量——健康饮品及产业生态。

在啤酒主业方面，2020 年 7 月 31 日，青啤发布了超高端啤酒"百年之旅"，这是青啤"艺术酿造魅力质量"的新的里程碑。

"百年之旅"由酿酒大师选定全球只有 200 公顷的专属特色大麦产地，从全球麦芽风味库上百种优选风味麦芽的数万款组合中，确定了四款麦芽黄金比例组合。在生产酿造上，回归古法的两罐式低温长时慢酿发酵工艺，酿造时间延长 20%，由德国制麦大师恪守家族传统工艺烘焙，由 30 年经验的高级技师精准手工投料。青啤近百人的研发团队历时两年多，经过 52 轮次测试酿造实验、900 多轮次专家品评、126 次口味优化，终于创造出青啤 117 年历史上的巅峰体验。这款 815 毫升的顶级啤酒的零售价达到 199 元，001 号收藏品在 7 月 31 日的公益拍卖中拍出了 48 万元的价格。

黄克兴说："通过'百年之旅'，青啤从规模大起来、竞争力强起来，开始迈向体验美起来的新阶段，也就是让产品充满艺术性、文化感，将卓越功能、非凡体验、文化符号三种价值融为一身。"

在做优增量方面，青啤在 2019 年推出了"王子海藻苏打水"，由中国海洋大学管华诗院士领衔的青岛海洋生物医药研究院和青啤国家重点实验室联合研制，充分发挥海藻活性物质抗氧化、强免疫的排毒净化功效。

黄克兴说："青啤进入苏打水等饮品领域，并不是对原有主业的偏离，而是利用原有主业的某些优势，与其形成互补。啤酒消费的季节性很强，青啤 60 多家工厂在一年大多数月份的产能都是不饱和的，而饮品需要的水资源、生产、包装、营销、物流等资源恰是青啤之所长。所以关键是要创新出好的产品，这样就可以在边际投入不大的情况下，获得丰厚的边际产出。青啤的第二曲线不是替代第一曲线，而是和第一曲线之间形成战略互补。"

青啤的战略选择表明，一方面，存量经济有着迈向高端、创新价值的机会，另一方面，存量经济也蕴含着通过更好的资源配置开辟新的增量经济的机会。

文化定成败

在我离开青啤前往机场的路上，黄克兴说的一句话在我的脑海中萦绕不散："我宁入高端的红海，不入低端的泥海。"

采访中我对他说，你这句话一定会成为中国营销界的金句。因为中国有太多产业，太需要往高处引领的领头人了。

送我去机场的青啤公关部员工说，2020 年第一季度的新冠疫情对青啤也有很大影响，但从 2 月开始，青啤就掀起了全员创新营销、主动营销的浪潮。一方面出台了分销员计划，裂变出 10 万分销员，有的"云员工"发展了 2000 多个客户；另一方面，青啤至今已在社区等公共空间组织过 40 多万场活动，即百万社区（社团）大酬宾"双百大战"，全员参与，人人争先。

"下雪的时候很冷，在小区办一场活动，其实也卖不了太多酒。但这就是青啤的精神，万众一心，坚忍不拔，越是困难，越是众志成城。"

我被这个雪天卖酒的细节感动了。不仅是卖酒，更是在传递一种精神和文化。

无论存量、增量，坚强的文化才是一个企业进步的终极力量。有这样不怕困难、"要为成功找办法、不为退缩找理由"的精神，青啤的创变创新仍将一往无前，而整个中国啤酒业的演进也将朝着更高价值的方向继续深化。

历史的风口与无法打捞的"文明"——来自开封的启示

　　我出生在黄河边的开封——那著名的七朝或八朝古都,悬河之城,正在大河之南。一直到上大学,我才离开家乡。2016 年春节,是我 20 多年来第一次回去过年。除夕到,初五回,住了五晚。

　　对于除夕"春晚",总导演吕逸涛打了 100 分,我不知道这是他对个人成就的认可方式还是对集体创作的认可方式。"春晚"遭遇了很多吐槽,但某一天,当车子绕着龙亭湖而行时,我突然想:每一段历史也许都像一枚在桌子上旋转的硬币,当它没有停下的时候,谁能说它一定会以哪一面收场呢? 如果吕逸涛真的愿意"下注满分",这个满分所指向的未来一定就是镜花水月吗?

中国仍在世界经济的风口上

2016 年的春节，我遇到的几乎每一位久违的朋友都问我：中国经济是不是不行了？会不会硬着陆？每一次我都会说：我并未看到中国经济的基本面已经逆转，除非我们集体告别信心而选择惰性与抱怨。

中国经济无疑是存在问题的，比如投入和产出之间的不经济、不平衡、不科学、不环保等等。但无论是看发展趋势（1978 年中国 GDP 的全球占比约为 1.7%，1997 年亚洲金融危机时约为 3.05%，2008 年美国金融危机时约为 7.2%，2014 年达到 13.2%），还是看现实数据（2015 年中国 GDP 增量超过 0.5 万亿美元，仍为全球第一，消费对 GDP 增长的贡献率达到 66.7%，单位 GDP 能耗下降 5.6%，高新技术产业增加值增长 10.2%，居民出境游增长 12%，居民新增储蓄存款超过 4 万亿元，每天新登记企业超过 1.2 万家），中国仍在世界经济的风口上，机遇并未消失。

英国历史学家尼尔·弗格森（Niall Ferguson）几年前写过一篇文章，说世界"沿着中国轨道"（in China's orbit），将重新回到东方。渣打银行关于全球超级增长周期的两份报告（李籁思团队 2010 年，祈文礼团队 2013 年）都预测，到 2030 年，中国将位列世界最大经济体，经济总量达到美国的 2 倍或 1.4 倍。虽然他们 2013 年的报告注意到主要新兴经济体增长的放缓，但他们仍然认为，"一套适度的改革措施能够令几个大型新兴经济体再次激发增长活力"，中国可能到 2022 年就超越美国。由于那时中国的人均收入仍将不到美国的三分之一,预示了巨大的进一步增长的空间。

我站在明清留下的开封古城墙上,想着被层层埋在地下的这座城市的命运。它的确不复有历史的荣光,《东京梦华录》和《清明上河图》里开封的历史地位早已不在。以经济总量看,如今开封只能排在河南 18 个地级市的中下等水平,它拥有 6266 平方千米土地(比上海少不足 100 平方千米),548 万人口,2015 年的地区生产总值为 1605 亿元,一般公共预算收入为 108 亿元。对比一下,上海拥有 6340 平方千米土地,2415 万常住人口,2015 年的地区生产总值为 24965 亿元,一般公共预算收入为 5520 亿元。

我的家乡应该永远无法重现北宋年间"汴京富丽天下无"的世界第一大城市的风采,但风从东方来,未来世界经济的第一大城市可能是中国的上海,而且我相信未来的中国会像今天的美国那样拥有十几座世界性城市。即使经济上如此不起眼的开封,在整个中原经济崛起、大郑州崛起、郑汴一体化的背景下,假以时日,成为有国际影响的名城,并作为"大郑汴"的一部分跻身世界性城市,又岂能说只是妄想?!

繁华如梦,风口如过眼烟云

尽管我对中国经济的雨后彩虹抱有强烈信心,但历史一次次告诉我们,国赖忧劳而兴,因逸豫而衰。从财富的大爆炸到大冰河,这种概率也并非不存在。如若不定其心,磨其志,发其愤,防其险,属于中国的风口"移情别恋"也未可知。

中国封建王朝的最后一个盛世"康乾盛世"长达 115 年(从 1681 年平定三藩到 1796 年嘉庆元年),但仅仅 44 年后,鸦片战争就爆发了。尼尔·弗格森在《文明》一书中有言:"文明是复杂的,文明可以在数世纪中持续存在,处于权力和财富的巅峰。但反过来,其根基又可能突然坍塌,陷入大混乱中。"他举例说,1500 年时北京城生活着近 70 万人,伦敦人口仅 5 万;400 年后,伦敦以超过 600 万的人口成为全球特大城市,北京则在 1900 年被八国联军攻入。

历史是最好的老师,世界史上很多跌宕起伏的段落,于今仍有启示意义。

开封有 4100 多年建城史、建都史,先后有夏,战国的魏,五代的后梁、后晋、后汉、后周,北宋和金在此定都。公元 956 年,后周的周世宗增筑开封外城,初步奠定了外城、内城、皇城的三城格局。960年,后周殿前都点检赵匡胤发动"陈桥兵变",建立北宋,定都开封,仍延续五代之名,称东京。经北宋 168 年营建,开封成为全国的政经和文化中心,人口急增,百业兴盛,商业繁荣,漕运发达。"汴梁形胜甲天下,夷门自古帝王都","八荒争凑,万国咸通","人口逾百万,货物集南北",堪称中国历史上的新辉煌。

而近年来,开封引爆国际关注度,却是以一种非常戏剧化的方式。那是 2005 年 5 月 22 日,《纽约时报》评论版上破天荒地印了 13 个汉字,"从开封到纽约——辉煌如过眼烟云"(From Kaifeng to New York—Glory is as ephemeral as smoke and clouds),这是大名鼎鼎的专栏作家纪思道(Nicholas D. Kristof)文章的副题,主题是"中国,世界之都"(China, the world's capital)。文章认为,公元前

2000 年时世界最重要的城市是伊拉克的乌尔(Ur),公元前 1500 年时是埃及的底比斯(Thebes),公元前 1000 年时没有哪个城市可以称雄,不过有人会提到黎巴嫩的西顿(Sidon);然后是公元前 500 年时波斯的波斯波利斯(Persepolis),公元元年时的罗马(Rome),公元 500 年时的中国长安,公元 1000 年时的中国开封,公元 1500 年可能是意大利的佛罗伦萨,公元 2000 年则是纽约。"到了公元 2500 年,上面所有这些城市都可能变成无人知晓的地方。""美国在过去一个多世纪中一直是全球经济最发达的国家。但是大多数的经济预测表明,单就购买力而言,中国将在约 15 年内超过美国。"

在纪思道的笔下,公元 1000 年,坐落在泥沙淤塞的黄河岸边的古城开封,是世界上最重要的城市。他之所以用汉语做标题,"是为了说明汉语是许多美国人将来都要去学习的语言,而'繁华如梦'的哲理也是美国人需要了解的。作为世界上唯一的超级大国,美国也许会认为自己在世界上这种'一览众山小'的地位是理所当然的。然而,回望大浪淘沙般的历史长河,你会看到辉煌,特别是某一个城市的辉煌,多么像萤火般转瞬即逝"。

如果时光能够穿越,办一台北宋繁盛时期的"春晚",我猜吕逸涛一定会在如此灿若星辰的文化科技成果中挑花眼:苏颂主持制造的水运仪象台是世界最高水平的天文仪器;李诫的《营造法式》是中国建筑学的一座丰碑;王惟一创造性地刻碑石、铸铜人,其《铜人腧穴针灸图经》让中国的针灸医学有了一次巨大飞跃;"四大发明"中的活字印刷术、指南针、火药,都是在宋代发明或得到广泛应用的;司马光、欧阳修、王安石、苏轼、黄庭坚、范仲淹、柳永,文采辞章千年流传;张择端的《清明上河图》和沈括的《梦溪笔谈》,展示了无限才华。而宋仁宗天圣元年（1023 年）发行的"交子"，曾作为官方法定货币（官交子）在四川流通近 80 年，比西方发行纸币早六七百年。在那个时代，美的体现有汴绣和朱仙镇木版年画，力的体现有杨家将、岳飞和包青天。

而在 2005 年，专门到开封采访的纪思道，把开封描写成一个"肮脏贫穷，连个省会也不是，地位无足轻重，所以连机场都没有"的地方，以对比"11 世纪的开封是宋朝的首都，人口超过 100 万，当时伦敦的人口只有 1.5 万左右"的历史场景。在文章最后，他道破了主旨："如果我们一味安于小成，不思进取，那像纽约这样伟大的城市总有一天也会成为哈得逊河上的另一个开封！"

纽约该从历史上的开封身上学到哪些东西？纪思道提出，第一，保持科技领先和经济政策成熟健全非常重要。古代中国的繁荣很大程度上得益于促进生产和贸易的政策及技术的革新，包括铁犁、印刷术、纸币的发明和改进等。然而后来出现的轻视商业和贸易的观念、政策却使中国的人均收入在过去 600 多年里停滞不前。第二，认清狂妄自大的危险性。中国曾有的"天朝上国，无所不有"的意识形态正是衰败的开始。

今天的开封，毫无一点狂妄自大的痕迹（我甚至希望残留一点）。在夜市的喧嚣中，我感受更多的是对游客的"速成式满足"。遥想北宋时光，开封的油饼店"每案用三五人，捍剂、卓花、入炉"，武成王庙前的海州张家和皇建院前的郑家，每家有五十余炉，雇工在百人以上。真是过眼烟云了！

北宋东京城，一种怎样的繁荣？

陈寅恪曾说："华夏民族之文化，历数千载之演进，造极于赵宋之世，后渐衰微。"那么，又是什么原因，让公元 11 世纪前后的世界第一城市"香消玉殒"？

一般的史论大抵不出两个范畴：一是专制腐败、贫富分化、外敌入侵、农民起义，让北宋帝国衰落，也让开封告别了鼎盛期，渐渐式微；二是"成也黄河，败也黄河"，黄河让开封的元气屡屡被伤。黄河泛滥，河流淤积，河床抬高，形成悬河，太多被淹的历史成为开封最恐怖的记忆。

而春节期间我读到的一些文献给我的启示是，北宋时的东京作为全国经济中心，其自身基础并不扎实，虽然有商品经济自发发展的一面（"亦工亦农"工匠群体的出现，在很大程度上满足了城市手工业的劳动力供给），但在更大程度上是专制权力通过对天下财富进行再分配，以及官僚经济畸形繁荣的结果。用今天的学术语言来说，彼时的开封之盛，不是共容利益（encompassing interest）之盛，而是狭隘利益（narrow interest）之盛（曼瑟·奥尔森，1993），不是包容性制度（inclusive）之盛而是汲取性制度（extractive）之盛（德隆·阿西莫格鲁和詹姆斯·罗宾逊，2014）。这种繁盛本来就不可能长久。

陈昌远教授早在 1959 年《史学月刊》6 月号《北宋时期开封城市经济的繁荣》一文中就指出，开封的经济繁荣原因有三。

其一，魏晋以来，江南地区逐渐开发起来，东晋之后发展更快，在工商业方面可以和黄河流域的中原地区相抗衡。由于江南富庶，隋统一中国后，隋炀帝积极开发运河，以搜刮江南民脂民膏，他本人也留恋江南富庶，住在扬州而不回北方。到了唐代，大批漕运江南的粮食供给北方，安史之乱后，江淮地区更成为唐帝国的生命线。五代时期，黄河流域在统治阶级混战下遭到进一步破坏，而南方局面相对稳定，形成南荣北枯的局面。北宋统一后，江南经济更显重要。统治阶级怎样把江南财富搜刮到自己的仓库里去呢？主要是依靠隋炀帝开挖的运河，而开封正扼据运河入黄河的重要地方（汴河连通黄河和运河），因此成为中国南北经济的枢纽。

其二，开封的繁荣和北宋的统一是分不开的。北宋统一中国后，采取了一系列恢复发展农村经济的措施。据不完全统计，从宋太祖末年到真宗末年，不到五十年时间，全国垦地数字增加了一倍。农业的发展使农民有获得剩余产品的可能，剩余产品出现于市场，为工商业发展创造了有利条件。

其三，开封工商业的繁荣和北宋建都开封是分不开的。由于北宋建都开封，所以在开封集中了很多官营手工业作坊，集中了很多官僚和政客，这些官僚和政客的消费需要大量的奢侈商品。

陈昌远的文章表明，北宋开封经济地位的形成不是内生的，而是由江南经济的发展加上政治权力进行的财富转移所奠基的，在某种程度上可以说是"官府创造市场，权力驱动财富"。

当时开封的军器制造业发达，而制造军器的机构是军器监，由赵宋政府掌握。纺织业发达，京师专设绫锦院，有机四百张，制造琳琅满目的丝织品，专供统治者享用。与纺织相关的煮染技术发达，官府设煮染院,煮染官家锦帛。陶器业方面,京师设"窑务",宋徽宗时更自置"窑烧造",烧制官窑瓷器,他喜欢书画也喜欢陶瓷,细致到亲自下诏:"本朝以定州白瓷器有芒,不堪用,遂命汝州造青窑器","弃定用汝"。在印刷业方面,官府国子监设有雕版处,官府诏令都以雕版印刷。由于北宋对劳役的控制开始放松,手工业中的雇工队伍越来越大。但在行业分布上,在官营手工业的丝织、铸钱、军器制造、酿酒等行业,待遇相对优厚,而人身相对不太自由,且常会出现官吏私役工匠、克扣雇值的现象。民间手工业中,雇佣劳动最多的行业为矿冶业、纺织、制瓷等,比较大的矿坑动辄用工上万,但整体的雇值水平不高,以一般杂役性工种为主(技术工种的雇值是例外)。

北宋重商,这是历史的进步。和西汉时期抑商、商人地位低下相比,北宋东京城内的富商资财雄厚,经营各种贸易;商人之子可以做官,可以出钱买官,可以当出使外国的便臣和随员。由于经商利润很高,常"获息十倍",商业生活优越,京师很多官吏也都经商。北宋初年,京师大兴土木,需要大批木材,京师官吏便遣人至陕西,在陇右购买竹木,免税运回开封高价出卖。当时京师官吏也有开"邸店"的,有的官员甚至想把太平兴国寺改为邸店以取厚利。这种官商不分的恶果不久后就会显现。

大批封建贵族和军队集中于开封,需要各地物资供应,而开封恰好是汴河、黄河、蔡河、广济河四条水道相汇的中心,漕运也极其发达,"金谷财帛,岁时常调。舳舻相衔,千里不绝"。

以上种种可见,北宋开封经济地位重要,根源是政治地位重要,官僚工业集中,官僚政客集中,而与开封自身的地理自然环境、商业文化底蕴虽然也有关系,但关系不大。这样一种"首都向下汲取""官府向民汲取"的繁荣，纵然没有外力去打破，也长不了太久。

总是踏入同一条河流

在中国历史上，类似开封这样的案例并不鲜见，中国人总是踏入同一条河流。弗格森研究过中国的明朝，这个 1368 年诞生的帝国延续了差不多三个世纪，不论以何种标准看都拥有全球最为发达的文明，但 17 世纪中期，前进的车轮脱落了。1580 到 1650 年，战事和瘟疫使中国的人口减少了 35%～40%。

出了什么问题呢？弗格森的答案是："向内转化是致命的。"在他看来，明朝满足于国内贸易量很大、奢侈品市场活跃，而与此相对的是，英国积极向外转化，奠定了"全球英国化"的基础。随着 17 世纪晚期英国人口规模的不断扩大，海外扩张在帮助英国跳出"马尔萨斯陷阱"方面发挥了重要作用，跨大西洋的贸易为英国输入了土豆和蔗糖等营养食物及大量的鳕鱼和鲱鱼。1 英亩（约合 4046.86 平方米）的甘蔗所产出的能量相当于 12 英亩的小麦。殖民活动使剩余人口的移民成为可能，相应的效应便是提高了生产效率、收入，增加了营养甚至人们的身高。

弗格森考证说，到 18 世纪晚期，英国农民的食物包括肉类产品，而同时代的日本处于德川幕府时代，1640 年后执行严格的闭关锁国政策，日本人的食物摄入单一，95% 都是谷物。这种食物上的差异说明了为什么 18 世纪英国罪犯的平均身高为 170 厘米，而同时期日本士兵的平均身高只有 159 厘米。"那个时候，当东方人遇到西方人时,他们之间再也没法相互直视对方了。"

到了1793年,马戛尔尼率领远征队拜访乾隆皇帝,设法说服中国人展开对外贸易。为此他备足了德国造的天象仪和望远镜、经纬仪、气泵、电动机器,以及"有助于说明、演示科学原理的范围广泛的设备"。但年逾八十的乾隆皇帝对他代表的英王乔治三世只是宣布了一个蔑视性的通告:"天朝物产丰盈,无所不有,原不借外夷货物以通有无。"

"曾经是新发明的故土的中国,逐渐沦为顽固地敌视其他民族的创新的'中庸之国'。那个设计精巧的中国发明——钟表,已回到故土了,但已经过欧洲的改良、改进,而由发条和齿轮组成机械装置,运转起来也更准确了。"

从宋帝国到明帝国,这些文明衰微的案例告诉我们:如果经济产出的目的主要是巩固天朝皇权的地位,而大规模有组织的经济活动和事关国计民生的工商业也都被政府控制,民间经济如果没有与官府的特殊关系、被批准和监护,很难持续发展,那么再枝繁叶茂的经济也会枯萎。中国封建历史上创造了无数财富,但大部分的工商利润都被用于王朝的行政、军事开支,皇室贵族与各级官府消耗,而没有变成进一步发展工商业的资本。由于民间商人成功的首要条件就是依附权贵,得到庇护,他们即使有资本的积累,也要捐官买爵、兴建牌坊,断不会谋求可持续的投入与发展。官府对自由经济的控制与重本抑末、轻商贱商的风气互为表里,商人没有独立的存在价值,当然也就没有持续发挥其创造力的动力。

而建立在这样的制度背景下的经济和文化繁盛,总是在一段时间后,就演变成官僚队伍的不断扩张和肆意腐败,民间税负沉重,贫富分化,内乱不止,外患又来。这样的一种经济,官府可以利用盐业官营、官窑、皇家织造等与民争利，利用特权从愿意和官府勾结的民间商人那里索取利益，其后果显而易见：由于经济主要是为官府和特权阶级生产（不为民也不对外），在某个局部（如首都）也许非常绚丽，但整个国家市场并不大，分工无法深化，生产力不可能得到提高（长期的"停滞性均衡"）。没有财产保护，没有专利保护，则以技术发明和大规模商业应用为特征的工业革命也就不可能在中国发生。

勿忘国耻和国难

这个春节，当我漫步在开封的旅游景点和博物馆，当我翻阅历史的文献，内心一直无法轻松。

《清明上河图》是反映北宋末期徽宗年间"太平盛世"的杰作，但在有心者看来，一派繁花似锦、国泰民安的背后，是画家别出心裁、处处隐藏着社会隐患与统治阶级腐败麻木的着墨。姜小丢指出，画面不经意间描绘出官僚腐朽，兵吏慵懒，百姓民不聊生，乞讨者比比皆是。在市井中心街区，达官贵人出行骑马乘轿，富商们的马队和官员们的仪仗十分有排场，而衣装褴褛、跪地乞讨者也散落在各个角落，城门楼外就有一个被众人围观的乞讨者，算命者身后的大树下乞丐、懒汉成群。北宋军事薄弱、军备松散，在《清明上河图》中也可见一斑，画中的卫士形象都百无聊赖、慵懒无比，内城墙似有似无，城楼两侧低矮的土墙长满了草木，根本没有防御设施。城门楼下的争吵者和街市上的争吵者，则折射出当时的税官很辛苦，商人与税官就货物的税钱进行争吵，引得城楼上的士兵也向下张望。

俞兆鹏、俞晖在《论北宋末期的恶性通货膨胀》中指出，在中国历史上，北宋末期的恶性通货膨胀较为典型。其根源一是党争加剧与政治腐败；二是冗费浩大与财政危机。宣和年间全国正规部队在一百几十万人以上，冗官之多到徽宗时达到顶峰。以大观三年（1109 年）和元祐三年（1088 年）比，官员就增加了十倍之多。徽宗即位后，京官中有一身而兼十余俸者。徽宗后期更是大兴土木，各种靡费达到天文数字。三是剥削苛重与经济衰退。为维持国家运作，徽宗时投放的大钱、劣币、纸币数量过多，爆发了恶性通货膨胀，私钱泛滥、货币贬值、物价暴涨、社会动荡遂一一而起。

中国宋史研究会前会长王曾瑜在《北宋末开封的陷落、劫难和抗争》中指出，开封易守难攻，但靖康元年（1126 年），金军南下，开封却很快失守了。主因是宋朝统治集团缺乏应对能力、腐败无能，甚至迷信骗子郭京的所谓"六甲神兵"。当金军来犯，宋廷按以文制武的惯例任命城墙四壁的提举官，其中南壁的李擢在金军攻城之初设法填平护龙河时，根本"不介意"，"于城楼上修饬坐卧处，如晏阁宾馆，日与僚佐饮酒烹茶，或弹琴谑笑，或日醒醉"。守城军中塞进了众多使臣和效用，作为冗员，"每使臣一员，日给食钱八百或一贯，效用三百或五百，多权贵亲戚、门生、故吏，又有朝廷缘权贵、内侍请求而至者。身未尝到，而请给论功，倍于将士……其弊不胜言，所以败国家之事也"。被财富养起来的这些官宦，直到国难还想着发财，有多少醉生梦死之徒！

公元 1126 至 1127 年，宋钦宗靖康年间，金军攻破开封，烧杀抢掠，还俘虏了徽宗、钦宗父子，以及大量皇族、后宫妃嫔与贵卿、朝臣等共 3000 余人，北上燕京蒙羞，东京城的公私积蓄被洗劫一空。北宋灭亡。当日的悲怆，今天的我们仍不忍卒读。据《青宫译语》所载，金王完颜宗翰的长子设也马看中宋徽宗之女赵富金，徽宗因富金已嫁作蔡京儿媳不同意，完颜宗翰大怒："昨奉朝旨分虏，汝何能抗令?"徽宗道："上有天，下有帝，人各有女媳。"但终究无用。在这靖康之耻的巨变中，竟有一批大宋官员和宦官"尽搜取妇女于虏人"，为金人搜刮妇女。徐秉哲一次搜捕女子一千多人，"自选端丽者"，"自置钗、衫、冠、鲜衣，令膏沐粉黛，盛饰毕，满车送军中"。不少大宋女子于车上斥骂："尔等任朝廷大臣官吏，作坏国家至此，今日却令我辈塞金人意，尔等果何面目。"更有烈女宁死不屈，抗命被斩。"贞节说"兴于宋，即与此相关。

开封历史上多水灾，但北宋一代，并无巨患。从太祖建隆元年（960年）到钦宗靖康二年（1127年）167年间，水灾总共20次，平均将近9年一次，其中造成房屋倒塌和人员伤亡较为严重的有6次，平均将近28年一次。真正的水患，是黄河自金代濒临开封后而起。尤其是明代初年黄河多次决口，治理水患成为开封头等大事。开封是明代时河南的省会，崇祯十五年（1642年），李自成围困开封6个月，官军穷途末路。农历九月十五日夜，官军掘开了黄河，大水一到，城内"水深数丈，浮尸如鱼"，洪水退后，城里原有的37万人只剩下3万多人，是为开封历史上最惨烈的灭顶之灾。以上这种说法为开封博物馆的官方版本，但究竟是官军还是义军决的大堤，还是都参与了，抑或是自然崩塌，学术界一直有不同说法。无论如何，那是对开封的致命一击。嘲讽的是，1644年正月，明朝的兵部尚书张缙彦异想天开，提出派人去开封打捞沉银，以补国库之拮据，崇祯皇帝批示"其汴城捞费一事，宜专官密行"。他大概觉得此举不雅，改以修复汴城为名,去积水,捞沉银,所以要密行。"汴城不守是无河南,河南不保是无中原,中原不保则河北之咽喉断,而天下之大势甚可忧危也。"几个月后,明朝灭亡。

我在开封博物馆看到的开封历代地层剖面模型显示:开封城,城摞城,地下埋有几座城。在开封地下 3 米至 12 米处,上下叠压着 6 座城池。除最底层的战国时期魏国的大梁城因埋藏太深和勘探技术手段所限未能发现外,其余 5 座城池均已相继发现和初步探明。摞在最上面的是清代开封城,最下面的是唐代中原重镇汴州城,规模最大的当然是北宋的东京。

以开封的经济实力和科技条件,这些地下的"文明"是很难再见天日的。但当我想到这座城市的历史上,那些和"文明"相伴的腐败与灾难,痛苦与离奇,我宁愿所有的"城下城"都不再打捞,都无法捞起。21 世纪的今天,当我们在历史新的风口处,眺望中国未来的时候,请不要美化我们昔日的"文明"。在某种意义上,她的确是辉煌的,但对芸芸众生来说,也许灾难的时光更久、更长,只是我们今天无法设身处地去体验而已。

创造一种以人为本、对每个人都有真实意义的新文明,这是今天我们的使命与责任。我的故乡,想到你的历史,我只愿把责任放在今天,放在自己肩上。

参考文献:

①[英]尼尔·弗格森,《文明》,曾贤明,唐颖华译,北京:中信出版社,2012 年 1 月。

只有河南最中国

一

美国总统大选结果出炉前，特朗普一直在焦急地等消息。一位朋友劝他早点睡，说："拜登啦！等也是拜登。"

问：这位朋友有可能是什么人？

A. 一位共和党朋友

B. 一位民主党朋友

C. 一位河南的朋友

在好多群里看到过这个段子，却没留意其中的梗。直到前天碰到一个朋友，说"你们河南话真牛"，一愣，顿悟，原来如此！

我用河南话说了几句"白等"，还真有点解气。

突然有点不好意思。离开家乡三十多年，说话已无乡音，乡音里的一些妙处也渐渐忘记，好像自己已不是河南人。

河南，这个巨大而古老的存在，是不是就这样常常被忽略？直到某个时刻，只是因为一个方言的梗，才重新唤醒记忆？

如果把今天的中国比作枝繁叶茂的大树，河南就是她看不见的地下的根。

看不见，就容易忘记。我就是忘了河南的河南人中的一员。

我是河南人。我不是河南人。我到底是不是河南人？

二

幸好语言之外，还有胃的记忆。它和人的连接比语言更牢固。

无论在江南还是岭南，甚至到国外，只要几天不吃面食，不吃面条、馒头、包子、饺子，我的胃就开始"抗议"。

我对丰收的记忆是和一马平川的豫东平原上的麦浪分不开的。我对星空的记忆是躺在打麦场的麦垛上看满天星斗所刻下的。

千里麦花香，耕耘天地间。面食于我，是无法改变的生活方式。

几千年前，小麦从西亚传来，在黄河中下游被接纳，逐渐取代了本土的粟和黍，成为旱作农业的主要农作物。

感谢祖先，用慧眼选育了不怕寒冷、生生不息的小麦，用石磨把小麦从粒食变成面食。如此普通的粒粒小麦，竟能做出千变万化的食物，想一想都是天造地设的神奇。

民以食为天。小麦是生活的方式，也是生命的支撑。

在甲骨文中，"来"指的就是麦。它是外来的，在这里扎根，笔直生长。

那个时代小麦的重要性就像今天的数据吧？那个时候被小麦驱动的河南就像今天的数字化前沿和开放高地吧？

今天，河南有 1.2 亿亩耕地，8600 万亩都种小麦。她如此本分和忠实地守候着历史传统，也为中国提供一日不可缺少的粮食。

可惜，这个时代最重要的生产要素已变成资本和数据。小麦，也成了一个并不时尚的所在。除了媒体每年例行报一下丰收数据，谁还会想到小麦？

但，我们的胃离得开吗？

三

我出生在黄河边的开封，有人说是七朝，也有人说是八朝古都。朋友们说到开封，讲得最多的，一是北宋之都，二是悬河之城。

《汉书》中说："中国川源以百数，莫著于四渎，而河为宗。"四渎就是江、河、淮、济，当时淮河、济水独自入海，故与江河并列。根据《礼记·王制》记载，古代天子所祭，就是五岳与四渎。

从小学到中学，我们常常到黄河大堤上越野跑。它辽阔，但远远说不上澎湃，流得很慢，是一条泥土之河。当时有点失望，觉得配不上"白日依山尽，黄河入海流""黄河远上白云间""大漠孤烟直，长河落日圆""保卫黄河，保卫华北，保卫全中国"的气象。

但"黄河平，天下宁"的紧要性是知道的，因为每到汛期，街上就有广播，特别是下大雨，父辈要冒雨运沙袋、护河堤。

听老师讲大禹治水，改堵为疏，历经十三年，九川既疏，方解水患，于是明白了治理天下的朴素道理，是疏导，是顺应。

陈寅恪曾说："华夏民族之文化，历数千载之演进，造极于赵宋之世，后渐衰微。"对北宋的文明怀想，让太多人生出想穿越回去的念头。

前一段看电视剧《清平乐》，沉迷不已，迷的不是"汴梁形胜甲天下"的商业繁荣，而是如此多的文化殿堂里的巨人曾经在一个舞台上你来我往。

如果时光真能穿越，我最希望成为的是北宋繁盛期的"春晚"导演，或者给导演当助手也行。我想展现的场景包括：

> 苏颂主持制造了世界最高水平的天文仪器——水运仪象台；
>
> 李诫创作了建筑学上的丰碑——《营造法式》；
>
> 王惟一写的《铜人腧穴针灸图经》，让针灸医学有了一次巨大飞跃；
>
> 司马光、欧阳修、王安石、苏轼、黄庭坚、范仲淹、柳永，其文采辞章的穿透力以千年为尺度，远超今天的任何"网红"；
>
> 还有张择端的《清明上河图》、沈括的《梦溪笔谈》，展示出无限才华；
>
> 那也是发明家的时代，科技方面的活字印刷术、指南针、火药，都在北宋发明或广泛应用；
>
> 金融方面，宋仁宗天圣元年发行的"交子"，比西方发

行纸币要早六七百年……

北宋不只有"因文而弱"的一面，也有杨家将、岳飞和包青天。

在开封博物馆，我看到的历代地层剖面模型显示：开封城，城摞城，地下埋有几座城。开封地下 3 米至 12 米，上下叠压着 6 座城池。

河南的地下，埋藏着多少中国的王朝和文明？

四

因为有北宋，我可以充满自信地讲开封。但在河南，比开封更有历史感的地方还有很多。

从夏、商、周到北宋三千年，开封"红"是在最后，前面的裴李岗文化、仰韶文化、龙山文化、二里头文化等等，才是"最早的中国"。

从炎黄五帝的传说和遗迹，到夏、商、周三代的都邑，都在以洛阳为中心、由黄河洛河哺育的河洛地区，河图、洛书、《易经》、汉字都是河洛文化的产物。中国的姓氏文化，大部分的祖根都在中原。

作为开封人，如果碰到安阳人、洛阳人、三门峡人，甚至商丘人，就要少谈点历史。

安阳人对我说，开封城摞城，最早也不过是战国大梁城，而且还没有被真正发现；安阳的后岗发掘出的三层文化遗址，最上面是距今三千年的小屯白陶文化，中层是距今四五千年的龙山黑陶文化，最下层是距今六千多年的仰韶彩陶文化。

"我们最年轻的，都比你们最古老的还要老。"

安阳是出甲骨文的地方。1928 年安阳小屯殷代文化遗址被发掘出来，那些青铜器、玉器、牙雕骨器和贝币，映射出的是当时"世界级的繁荣"。

至于盘庚迁殷、武丁三年不语一鸣惊人、武丁之子为祭母铸就后母戊鼎……安阳的故事讲出来，让我只能仰视。

今天所有经商办企业的人都叫"商人"。商人就是商朝从事交换流通活动的人。我写过一篇文章，写的是中国第一个商人王亥。

商本是夏的一个部落，始祖叫契，和虞、舜、禹生活在同一时期。由契到汤（商汤）共十四世，这一段是"先商"时期。契的第六世孙叫亥，后人以"王"尊称他，所以叫王亥。

王亥生在夏朝中期，距今 3800 多年。他和儿子上甲微是"先商"时期"让商族变得伟大"的关键人物。他们饲养家畜，驯养牛马，开展商贸活动。

"商人来了，商人来了"，外部落这样称呼商部落的贸易使者。他们所交易的东西，当然就是"商品"。因为交易量越来越大，王亥成了当时各个部落的首富。

王亥用新的工具推动贸易发展，"肇牵牛车远服贾"，开商业之先河。他死后受到殷商后代最隆重的祭祀。

王国维评论说，王亥"祀典之隆"，不只是因为他是先祖，更是因为"其为制作之圣人"。那他也算"中国制造"最早的杰出代表了。

王亥是中国最早的商业实践家。中国最早的商业思想家也都在河南，如商丘人计然，提出"积著之理"；洛阳人白圭，提出"人弃我取，人取我与"；南阳人范蠡，提出"富好行其德"；洛阳人桑弘羊，提出"农商交易，以利本末"……这都是中国历史上最智慧的商业头脑。

伸手一摸就是春秋文化，两脚一踩就是秦砖汉瓦。万姓同根，万宗同源，礼仪习俗万里同风，宛如一座天然的中华历史博物馆，她就在中原，在河南。历史一日在那里，就永远在那里。

五

因为她就是中国、中土、中心，所以河南的文明，不是单点或某一维度的文明，而是全方位的文明；又因她是高浓度的文明中心，所以会不断向外扩散。

要说帝王将相治国理政，这里有 20 多个朝代的 200 多位帝王，但人们记得更多的并不是"家天下"的名字，而是伊尹、姜子牙、苏秦、吕不韦、商鞅、李斯、蔺相如、张良、陈平、诸葛亮、司马懿、谢安、长孙无忌、赵普等等。

要说人文荟萃，从造字的仓颉，到老子、庄子、墨子、鬼谷子、韩非子、宋明理学的"二程"，从"字圣"许慎，到有唐一代的杜甫、白居易、韩愈、元稹、刘禹锡、李贺、李商隐、"画圣"吴道子，再到明代的"律圣"朱载堉，文脉之盛，星河灿烂，代代传续。

如果必须选一个最爱，我会选玄奘，那个西行求法往返十七年、旅程五万里的伟大行者。

要说发明创造，这里有"医圣"张仲景，发明地动仪和浑天仪的"科圣"张衡，世界上首次测出地球子午线长度的僧一行。

要说革命者、建设者，马上可以想到的是陈胜、吴广、吉鸿昌、杨靖宇、杨贵。

应有尽有，数不胜数。

六

司马光说："若问古今兴废事，请君只看洛阳城。"

河南之兴可谓天骄；河南之废，如王朝腐败，如战乱，如决堤，如饥荒，流民千里，也从未绝迹。

以我的家乡开封为例。明崇祯十五年（1642 年），李自成围困开封 6 个月。农历九月十五日夜，官军掘开黄河，城内"水深数丈，浮尸如鱼"，原有的 37 万人只剩下 3 万多人。这是开封历史上最惨烈的灭顶之灾。

三百年后，河南又上演了 1942 年的大饥荒。只是这一次不是水患，是大旱之灾。

多灾多难的河南。要写中国的灾难史、苦难史、愚昧史、问题史，断不能无河南。

直面苦难，扬起自我，才能走向真正的明天。

我父亲的家乡是周口地区的沈丘县，一个很穷的村子。小时候我放暑假回去，夜里没有电灯，吃的基本上都是红薯，我水土不服，浑身起疙瘩。

每个亲戚家都很穷，穷病相连的更是苦不堪言。一个亲戚说："你好好念书，将来做大官。"我说："我要是当了总理，把你们个个都封成官，不用过这么苦的生活。"

童言无忌，或许也锤炼了我通过奋斗改变命运的韧性。

小时候想当总理的孩子肯定不止我一个，但总理只有一个。河南人有当总理的，也有在河南工作过，后来当总理的。他们都深深地知道这片土地的不容易，都是民本型的总理。

比起历史上的文明群像，那些沉重的、苦涩的、艰难的体验，可能更是河南的底色。

宋代以后，近代以后，现代以后，新文明的火炬一直在南移、向海而移，河南的文明之光也慢慢黯淡下来。

但奋斗从未停止。改变我的穷亲戚命运的不是我，是这个时代和他们自己的精神。

他们从沈丘的小邢庄一个个走出来，有到克拉玛依的、广州的、昆山的、天津的、安徽的，有开车的、扫地的、教书的、当总经理的。

2019年暑假，叔叔的儿子问我：孩子从南京的大学毕业，是留在南京，还是去南通一家民企在北京的子公司当会计？2020年暑假，姑姑的女儿问我：孩子是报考华南理工大学，还是北京的对外经济贸易大学？

他们生命的圆心在河南，他们的努力就是让圆规画出的圆圈，到更远的地方。

这是过去四十多年无数河南人两代三代的命运轨迹。我的亲戚如此，我的朋友、高瓴资本的创始人张磊，以及张磊的朋友施一公也如此。

他们都来自一个曾经在网上经常被"黑"的地方——驻马店。驻马店要给这么杰出的人发城市勋章吧！只是两个人，就让驻马店的形象一下子"高大上"起来。

在某种程度上，河南之于中国，就像中国之于世界。

这句话是我想出来的，两个月前听说河南老胡——建业集团的胡葆森也说过这句话。

可见我们的心是相通的，无论在不在河南。

七

只有河南，最是中国。

有过辉煌的高峰，也有过苦难的极限，只是在苦难时，不会屈服，不会放弃。就像那一望无际的小麦，今天是绿油油的，明天就是一片丰收的橙色。

这里的变量是时间，是阳光和风水，是人的坚持。

著名策划家王志纲在新出的《大国大民：王志纲话说中国人》一书中写了一篇"毛尖、烩面、胡辣汤"，胡葆森请了著名导演王潮歌创作了一部全新的文化作品——《只有河南·戏剧幻城》。

一个贵州人，一个北京人，都在关心河南。王潮歌说，她把命都押在《只有河南》这部作品上。我在"今日头条"上关注了她，每天都在看她记录与《只有河南》相关的生活和工作，我很敬佩这个心比天高的艺术家、女强人。

原本没有想过为河南写点什么，前几天看到她记录了一段开封的事情："来开封博物馆采风，心情很差。因为馆内不少大人小孩肆无忌惮地高声说话嬉闹，仿佛在自家后院一般，他们尖利的嗓音让我几乎听不见讲解……相比之下，在椅子上四仰八叉睡觉的人倒是好多了……总之，今天很扫兴！"

王导，作为开封人，我向你说一声：对不起。我们对不起你跑到河南的辛苦劳动，也对不起埋在河南地下的文明。

希望你的作品，不仅能唤起我们这些户口已经不在河南的人的关切，更能唤醒将近一亿河南人的文化自觉和文明自尊。

王导对开封博物馆提出批评后，我在后面的跟帖中看到了开封博物馆的回应。他们真诚道歉，说现已增派工作人员和志愿者进入展厅和公共区域，劝导大声喧哗等不文明行为。

隔了一天，王导欣慰地回复道："我们有理由相信，一切都将向上而美好。"她还推荐了开封博物馆的"风·雅宋"展览。

《只有河南》还没有上演，但通过社交媒体，有一些故事已经开始发生，牵着文明，连着河南。

一个地方，一个地方的人，其实都像在桌子上旋转的硬币，当它没有停下来的时候，谁能说它的命运一定会以哪一面收场呢？

让我们对河南多一些提醒，同时也多一些信心。

八

只有河南最中国。

最早的中国，最"完整"的中国，从中到外的中国，东京梦华的中国，饥荒遍野的中国，不屈不挠的中国。

但真正决定河南发展命运的人，是在中原大地上的每一位河南人。我们为你们加油，我们也尽力用行动为河南加油。

因为我们也是你们，是河南人，是最典型的中国人。

希望河南更好地转动起来，无愧于"文化中国的历史地理象征"的标记。

希望明日中国之河南，如同今日世界之中国。而今日世界之中国的地位提升，更多是由那些充满开放、奋进和现代化气息的地方带动的。

文明在昨天，更在今天，为的是明天。

文明之根，老家河南。一个新河南的爆发，是要开辟文明的新篇。

我们越是回到历史，就越是明白，每一种辉煌，都是由人的生生不息的价值创造的。

文明，在创造者手中。

秦朔的爱——爱广东、爱上海、爱文明、爱正道

2015 年 6 月 7 日，我写了一条微博："在新闻一线奋斗了 25 年后，我内心有种强烈的驱使，希望转向以人为中心的商业文明研究，推动中国商业文明的进步，并进行自媒体的新尝试。"8 月 28 日，上海那拉提网络科技有限公司拿到营业执照，算是正式开工了。

世界上最有魔力的名词，除了"爱"，也许就是"朋友"。感恩朋友们的关心。10 月 16 日，微信公众号"秦朔朋友圈"上线；11 月 22 日，复旦大学中国商业文明研究中心揭幕，两方面都开了局。

我爱广州爱广东

作为一个创业者，5 个多月时间，我深切体会到"做成一件事，胜过争论一万句"。从 1990 年到广州，珠三角敢想敢闯又脚踏实地的精神，对我影响至深。

2000 年，为纪念在广州生活十周年，我写过一篇文章《广州，广州，我眼中的广州》。开头是这样的：

"广州并不是我所喜欢的城市，为着它的城市风貌：噪声、污染与杂乱。但广州却是我所热爱的城市，为着它的精神价值：那像海一般的市场包容，那像空气一样的选择自由。在我看来，广州并不是中国最有文化的城市，但却是文化最开放的城市。包容比金钱更重要，自由比花儿更美丽。尽管我不断地抱怨它，但它始终接纳着我，认定着我。我对广州的现状并不满意，但却经常感动于这座城市对批评的承受能力。在我去过的那么多地方，很少有像广州这样，当外地人小心翼翼地对本地人说起它的脏乱差时，本地人不仅不介意，还会加入批评的合唱。他们真实，率直，言语朴素，但他们不爱广州吗？不，假如你让他们离开广州的话，他们马上会说'打死都不走'。"

我可能是在广州的媒体总编辑中批评广州最多最厉者之一（有兴趣的朋友可以搜索我写的《标致·乙烯纪念碑》），但也是被广州给予了最多褒奖的媒体人之一（从"广州市优秀中青年新闻出版工作者"第一名到广东省劳动模范）。还记得因为写《阳光灿烂的日子，我渴望》被投诉，不少人打电话到《南风窗》问总编辑还是不是秦朔。当时一位市领导找我到他的办公室，说："你别那么书生气好不好，书记已经批示了，叫你写个东西，你还非叫'情况说明'，不是自找麻烦？检讨一下有什么关系呢？"感念今天已是省领导的他，批评我的少不更事，用的却是商量的语气。

"总教长作岭南人"，我会永远爱广州，爱广东。

喜欢容易爱很难

2004年我到上海参与创办《第一财经日报》，记得我们全家"连根拔起"从广州迁沪后，插班到小学三年级的女儿一开始很不适应，因为她在广东外语外贸大学附属小学住读时，一日四餐吃得特别好，而且比较自由。浦东的学校管得严，吃得一般，她经常抱怨不如"外校"。

有天我问女儿：你能不能找到一条理由，说明上海比广州好呢？她想了想："我看上海街上的坏人比较少。"当然，今天广州大变样了，这座"江山之城"不仅有"小蛮腰"的妩媚，居民安全感也大大提升了。

就因为安全感这个至为简单的理由，女儿坚持了下来，慢慢爱上了上海。而思想比较顽固的我，多年来每当别人问我对上海怎么看，我总是含含糊糊，"挺好的，特别是女人没有哪个不喜欢上海"。喜欢是容易的，而爱这个字，很难说出口。

开始爱上海

我开始爱上上海，恰恰是辞职创业后的几个月。

我在各地跑，在各种各样的比较中，突然意识到，上海和我1986年来读大学、2004年来工作时相比，已经成长了N个"光年"，进化了N个世代。我说的不是物质表象，而是建立在巨大的包容性、开放性之上的新精神气质。

今天我真正开心的，不是在上海能找到意大利餐饮的聚集区，或者在某个咖啡店喝到和巴黎某家咖啡店一模一样的咖啡，而是在上海能碰到那么多精神上、知识上、创业上的知音，一起碰撞砥砺，让思想和创意汇通。他们有的今天从纽约飞来，三天后再飞东京，有的周间在香港、周末在上海。像马明哲先生这样，每周上海和深圳平分时间，已经多年。他对我说："海外的朋友们来，我带他们去一些上海小店，吃得真好，比香港还好。"还有像刘永行先生这样经常出差的，说："从上海，飞北、飞南、飞西，距离都差不多，金融安排也很方便。最好的是，再大的老板在上海也就像一条鱼在深海里，无声无息，这种不被打扰的安静太重要了。"

在外地人看来，上海是精致的、精明的、规范的、法治的，而我觉得上海的最大优点可能是：她越来越呈现出海一样的容纳力，吐故纳新，百川汇海。我住在浦东，晚上有时在世纪公园外跑步，不少朋友跟我打招呼，说的全是普通话。现在有些土生土长的上海人的孩子也不会说上海话，以至于保护上海方言都成了问题。这种变化太大了，我们可能都低估了这些年的开放包容带给上海文化的深刻影响。

属于上海的新风口

创业后我建了一个上海新媒体探索者的微信群，不久前的一天，我在群里对吴晓波说：隐约感到上海的新媒体很有可能出现20

世纪二三十年代那样的情况。当时有中华书局和商务印书馆，有《申报》，有电影公司，有韬奋的《生活》，有图书馆、博物馆，群贤毕至，群星闪耀。正把事业重心从杭州迁往上海的晓波说：是啊，明显感到风口很大，看我们能不能抓住。

这是属于上海的新风口。风从东方来，潮起于上海。全球视野，中国复兴，财富涌动，创新无限。上海正屹立在一个新商业文明、新经济文明、新金融文明、中国新文明的风口上。正如在近现代中国的文化发展史上，上海不仅是文化码头，也是文化源头，我预测，未来的上海将是全球性的工商业文明中心和文化风尚策源地。

好几年前，我去陆家嘴的渣打银行大楼，和他们的首席信息官交流手机银行的问题。那是一个澳大利亚人，一家都迁到了上海。他兴致勃勃地打开手机，给我看了一段视频，是他美丽的小女儿正在陆家嘴中央草地上奔跑。突然，他指着楼下的那块绿地说：This is the centre of the world. 我以为听错了，问：Of the Asia？他确定地说：Of the world.

我比他后知后觉了几年，但我还是——不仅喜欢，而且爱上了上海。

水系城市与外滩租界

2015 年 11 月 22 日下午，在东外滩的"翡丽甲第"，东方希望董事长刘永行、华大基因董事长汪建、汇付天下董事长周晔、复旦大学管理学院院长陆雄文和我共同见证了中国商业文明研究中心的揭幕,并且以"重归商业源头:与文明同行"为主题,各抒己见。

纷纷甲第连云起,星耀名门照浦江。100多年前,"翡丽甲第"所在的这块区域,是上海织布局、上海机器造纸局、恒丰纱厂等最早一批近代工业企业的诞生地。今天站在"翡丽甲第"眺望对面,则是陆家嘴金融城起伏的天际线和流光溢彩的外立面。

说到外滩,人们首先想到的可能是租界、万国博览会、十里洋场,以及周润发演绎的《上海滩》。我曾在绿房子参加"提升上海城市文化内涵"专家咨询会,刚好和著名学者陈燮君邻座。他说:上海是一座有江河、湖泊、港湾且临海的典型的"水系城市",这对上海的城市文化和城市精神影响非常深远。历史上看,正是苏州河、黄浦江,使得上海的工业文明在全国率先突起,比如,"不要以为江南造船厂只会造船。中国最早的水上飞机产自江南厂的水上飞机库,中国炼钢'老大哥'也非江南厂莫属"。通江达海的优势,使上海在近代西方冲击到来时,有着最快的自我调整和吸收反馈的速度。

外滩与租界的确是上海开埠后的标记,近代上海的政经大幕最早也是在租界上拉开。为安置鸦片战争后陆续到沪的西方外交官、传教士和商人,1845年公布的《上海土地章程》中规定,将洋泾浜(今延安中路)以北、李家庄(今北京东路附近)以南之地准租与英国商人,以为建筑房舍及居留之用。是为租界之始。到1849年,英、美、法三国的租界面积已超过上海旧城区域面积(古代上海县),在租界内,中国人的主权逐步丧失,租界如"国中之国","商埠之上海乃成为租界之上海矣"。

工业文明的血液

站在唯物辩证法的角度，虽然外滩和租界是旧中国丧失主权的符号，但因贸易开放，它们又确实带动了整个工商业的发展。租界设立，洋行开设，仓储物流遂起，"各货聚世"的场景让上海人迅速成为"开眼看世界"的第一批中国人。

我对上海近代商业文明的研究之重点并不在于外滩和租界。在我心目中，另外一条线索也许更加重要，就是在这块近代工业发祥地上流淌着的工业文明血液。

按照陈姝《清末上海工商业的发展与近代城市空间的形成》中的归纳，上海开埠不久，先是外商开办船舶修造厂、面粉厂、酿酒厂、制药厂、印刷厂等，及至19世纪60年代，洋务派开启官督商办、官商合办的近代企业之先河。1865年，李鸿章创办中国近代第一个军工厂江南制造总局，当时这个厂有员工2000多人，厂房面积70余亩，包括气炉厂、机器厂、熟铁厂、木工厂、火箭厂等多个分厂，专业化分工已相当明显。到19世纪六七十年代，民族资本主义企业如发昌机器厂、建昌铜铁机器厂、邓泰记机器厂、高记木厂等纷纷出现。再到19世纪八九十年代，上海的近代民族资本主义工业已经基本形成，机器大生产基本代替了手工业生产。

今天当我站在东外滩，想到"报国济民"的那代实业家的故事，如陆费逵（中华书局创办人）、刘鸿生（"火柴大王"）、叶澄衷（"五金大王"）、荣氏兄弟、冼冠生（冠生园创建人）等等，还有虽然不在上海创业，但与上海有各种因缘际会的张謇、卢作孚等等，觉得这才是中国民族企业的正源正道。荣德生在哥哥荣宗敬 60 岁生日时说："精神才是立业之本，家兄一生事业靠的就是充实的精神。"求仁得仁，向善得善。

一个多世纪的滔滔江水，早已将历史封存进图书馆里。每当我看到现实中各种榜单上的"速成富豪"，看到其中相当多的财富主要来自中国经济主升浪下的资产重估（如房地产和矿业），来自转型经济中的"价差寻租"（资产资源的价差、转轨转制的价差、国有产权改制和土地财产转移的价差、项目审批与优惠政策的价差、知晓政策信号早晚的价差、管制与特许权消散过程中的价差），而这些富豪依然自我感觉良好、以为是天降大任于自己的时候，我就觉得，在中国，富豪常有，有企业家精神的富豪不常有。

这固然有"制度型原罪"的因由，但相当程度上和富豪们那种"理想再大，大不过钱眼"，热衷机会主义和政策套利、因利害义的积习有关。他们中真正了解中国企业家的血脉正源和文明正途并从中获得教益和激励者，太少了！

爱文明，爱正道

好在总有一些力量让我们充满希望。在"翡丽甲第"举行的商业文明论坛上，我们听到的，都是走正道的黄钟大吕之声。

我听到了周晔描绘的新金融生态圈图景。他说，虽然金融压抑（financial repression）在客观上为新金融市场的快速增长积蓄了巨大能量，但如果没有创新、开放、进取、变革、合作的企业家精神，不善于利用大、云、平、移、端等各类新技术，新金融不可能成功。

我也听到了汪建描绘的基因科技造福人类的图景。"中国在过去的发展状态中很少有引领性发展，都是跟随性的，我们这几年没有跟着别人走，是牵着别人走。"正是靠这种自信和创新，华大不仅成为在 *Nature* 和 *Science* 上发表论文最多的中国科研机构，也已成为全球最大的基因测序公司，并且依然迸发着各种鲜活的创意。

我还听到了我心目中的"大陆经济之神"刘永行的声音："从2011年开始，东方希望集团在新疆荒无人烟的戈壁滩上，投入数百亿元，初步打造了一个特大型的沙漠商业文明、重化工产业集群和循环经济生态。叫'文明'，就不只是一个简单产业，我们希望把它打造成为非常独特的、有长远生命力的、能够为国家经济和少数民族地区的人民做出贡献的产业，也完成我们自己毕生想追求的事业。"

关于刘永行，我还想多说几句。

16年前，我邀请刘永行在广州演讲，他说："东方希望最不可替代的价值，是'诚信、正义、正气'的企业文化，就是要抗击'世俗的文化'。"他还说："财富只是符号，关键是看你拿来做什么，还有就是它是否适合你。从股票二级市场上得来的钱不适合我，我良心过不去，而且我觉得它不安全。如果我也从二级市场上得到几十个亿，我会很害怕。

"真正的财富是建立在实业、产品经营的基础上的，通过资本市场的放大，使得它集中到优势企业手上，让优秀的经理人来掌管，使它增值更快，从而为股东和社会创造价值。我们现行的股市是背离这个原则的，所以一定要调整。不调整就会出现一种谬论：赌博可以成为社会价值增加的源泉。现在一些公司一上市就乱投资，厂长经理们拿到钱以后地位高了、腰杆硬了、知名度高了，桑塔纳换成凌志甚至大奔，出国考察，建办公大楼，盲目投资。1000 万元我就可以做好的（项目），他投 3 个亿。一些大股东甚至把上市公司变成自己的财务部。把钱提走固然可怕，更可怕的是把钱稀里糊涂地变成固定资产，这些钱一旦'固化'，基本上就意味着退不出来了，现金流就有断裂的危险。"

这是十多年前的话，今天过时了吗？

在上海这样经济金融化程度很高的大都会，刘永行的话未必合意、合时宜，但我觉得他说得非常中听。赌博不可能成为社会价值增加的源泉。要真正为社会创造价值，就要秉持诚壹之道和创新精神，不走投机套利的旧路。

刘永行之道，就是我心目中做企业的正道。正道就是长期健康可持续发展之道。无论对个人还是企业，正道就是光明之道。

东外滩，这是历史的江流，这是传统的延续，这是充满活力的湾区，这是无边创新的经济。这是一个为未来而奋斗的命运共同体。

所有的历史都是当代史，是当代人的活动赋予历史以新的意义。如果说 120 年前的东外滩点燃了工业文明的火把，诞生了中国第一家发电厂、第一家煤气厂、第一家水厂、第一家纺织厂，且规模俱为"远东第一"；那么今天，以大连路总部研发集聚区为基础，东外滩试图打造的是最大的科技孵化器和创新人才高地，以及超越六本木的综合服务体。东京的六本木，因江户时代有六个姓氏汉字皆含"木"的家族居住而得名，但其真正蜚声世界，是 2003 年之后演变成充满美学色彩的复合服务带。从工业文明到商业文明，从制造业到服务业，东外滩"命犹存而运不同"，惟赖新的创意和实践。

司马迁在《史记·货殖列传》中说："居之一岁，种之以谷；十岁，树之以木；百岁，来之以德。"百年恒远的功业，靠的不是巧，不是术，是德，是诚。到上海 15 年后，在"用希望连接生命与生命"的创业探索中，我似乎清晰地听到了些什么。不只是江声，更是与文明相关的那些新使命。

参考文献：

①姚公鹤，《上海闲话》，上海：上海古籍出版社，1989 年 5 月。

图书在版编目（CIP）数据

大国之城：中国城市经济与治理现代化 / 秦朔著.
—杭州：浙江大学出版社，2021.8(2022.6 重印)
ISBN 978-7-308-21530-5

Ⅰ.①大… Ⅱ.①秦… Ⅲ.①城市经济—经济发展—
研究—中国 Ⅳ.①F299.21

中国版本图书馆 CIP 数据核字(2021)第 122964 号

大国之城：中国城市经济与治理现代化

秦　朔　著

策　　划	杭州蓝狮子文化创意股份有限公司	
责任编辑	张一弛	
责任校对	陈　欣	
封面设计	王梦珂	
出版发行	浙江大学出版社	
	（杭州市天目山路 148 号　邮政编码 310007）	
	（网址：http://www.zjupress.com）	
排　　版	杭州青翊图文设计有限公司	
印　　刷	杭州钱江彩色印务有限公司	
开　　本	880mm×1230mm　1/32	
印　　张	8	
字　　数	190 千	
版 印 次	2021 年 8 月第 1 版　2022 年 6 月第 2 次印刷	
书　　号	ISBN 978-7-308-21530-5	
定　　价	65.00 元	